YOUCAT

Catequesis en diálogo

Un método innovador

YOUCAT

Catequesis en diálogo

Un método innovador

Introducción

El catecismo para jóvenes existe desde 2011, cuando el papa Benedicto lo dio a repartir entre los jóvenes durante el Día Mundial de la Juventud en Madrid. El libro, en el que por primera vez los jóvenes católicos se implican en la transmisión de la fe, es hoy un factor decisivo para el atractivo y el entusiasmo del que goza la fe católica por todo el mundo. Lo que los padres conciliares anhelaban en LUMEN GENTIUM para la renovación de la Iglesia y sobre lo que el papa Francisco volvió a incidir decisivamente en EVANGELII GAUDIUM, es lo que YOUCAT ha venido consiguiendo hasta hoy: hacer que la gente joven vibre y hacer que se conviertan en jóvenes misioneros conocedores de su propia responsabilidad en la transmisión de la fe.

Desde 2011 el libro amarillo que surgió por iniciativa del cardenal Christoph Schönborn ha sido completado con otras obras, entre ellas, la Biblia Y, el DOCAT, el YOUCAT para niños, etc. En estas semanas hay en preparación un libro con el que la gente joven se puede preparar para el matrimonio. Al mismo tiempo, catequistas de los más distintos países de África, Latinoamérica y Asia están elaborando un catecismo elemental bajo la dirección de la Fundación YOUCAT: el YOUCAT BÁSICO.

En el curso de este trabajo surgió una fascinante red de trabajo de jóvenes católicos que están implicados en la nueva evangelización. Han fundado grupos juveniles y han formado entre ellos comunidades de estudio para unirse con Jesús y con la Iglesia de una manera profunda. Les gustaría dar un esclarecedor testimonio de fe. Sacerdotes y obispos han visto el compromiso misionero de estas personas y se han dado cuenta de que su predicación está siendo completada desde abajo. En este contexto se están haciendo nuevas experiencias de catequesis sobre las que se reflexiona constantemente con Roma, esto es, con el dicasterio para la nueva evangelización.

El presente manual quisiera mostrarles a los responsables de la catequesis un nuevo camino, el camino de la catequesis en diálogo, el cual no es otra cosa que el resultado de las experiencias en muchos países y que, en el fondo, no hace más que recurrir a lo que ya hoy se pone en práctica dentro de ese movimiento tan alabado de la nueva evangelización. El manual combina un nuevo abordaje teórico con dos programas prácticos completos que inmediatamente pueden ser puestos en marcha y desarrollados dentro del propio trabajo pastoral de cada cual:

▶ **MISSIO JOVEN** es un concepto de formación para jóvenes católicos que están comprometidos como catequistas y, con ello, una respuesta a la petición del papa en ANTIQUUM MINISTERIUM. Con YOUCAT toman conocimiento de su fe y aprenden a amarla profundamente. Se les capacita para apoyar con éxito en su trabajo diario a sacerdotes y a los catequistas.

▶ **Formando al formador (FAF)** es un curso de siete días para catequistas y sacerdotes que quieren aprender cómo conseguir transmitir la fe en diálogo y de tú a tú a las jóvenes generaciones.

Para ello se ofrecen algunas herramientas prácticas que se ha visto que son de ayuda para la catequesis en diversos países.

Este manual ha sido realizado con el apoyo de la organización benéfica pontificia *Ayuda a la Iglesia Necesitada*. Esta organización benéfica pontificia y YOUCAT comparten el deseo de responder a las necesidades específicas de la Iglesia universal. Una necesidad central es la transmisión de la fe a las próximas generaciones, para lo cual este manual pretende ofrecer una respuesta.

Para la Fundación YOUCAT
Dr. Theresia Theuke y Bernhard Meuser

Prólogo

Obispo Dr. Franz-Peter Tebartz-van Elst

El presente manual de Catequesis en diálogo aborda lo designado en el capítulo cuatro del Nuevo directorio para la catequesis (2020) como la tarea prioritaria en la transmisión de la fe, y lleva a cabo de manera ejemplar lo que se exige como condición para su comunicación fructífera: «Dado que es necesario formar catequistas para la evangelización en el mundo actual, será también necesario armonizar con sabiduría la debida atención a las personas y a las verdades de la fe, al crecimiento personal y a la dimensión comunitaria, a los dinamismos espirituales y a la preocupación por el bien común»[1].

Lo que constituye esta coherencia se especifica de la mano de criterios particulares que describen la esencia de una catequesis en diálogo: «Se trata de formar a los catequistas para que puedan impartir no solo una enseñanza sino una formación cristiana integral, desarrollando tareas de iniciación, de educación y de enseñanza. Se necesitan catequistas que sean, a un tiempo, maestros, educadores y testigos»[2].

La catequesis en diálogo pretende alcanzar esta armonía intentando comprender situaciones vitales a la luz de la fe (procedimiento inductivo) y, al mismo tiempo, aspirando, en cuanto al contenido, al afianzamiento de la identidad cristiana (proceder deductivo). A medida que este proceso se organiza en diálogo, la fe eclesial cristiana se transmite en toda su importancia vital y queda a salvo de ser simplemente impostada como «fe dogmática».

Este manual es, dentro de ese horizonte, una escuela que enseña el lenguaje de la fe y que convierte a los catequistas en testigos. El habla como acto fundamental de evangelización cobra aquí una relevancia catequética cuando, dentro del credo de la Iglesia, el manual configura contenidos concretos condensados de manera lingüística que acogen y sobrepasan las experiencias individuales y subjetivas. La catequesis en diálogo se convierte así en un «refugio nocturno de la fe» (Nelly Sachs) en el que los individuos, tanto cuando la vida es plácida como cuando arrecia, hallan cobijo dentro de la fe de la Iglesia.

Este es el principio que ha instituido el papa Francisco en su *motu proprio* ANTIQUUM MINISTERIUM de mayo de 2021 como aquella forma de catequesis que lleva el kerigma de la fe al centro de la vida. Su iniciativa de reavivar nuevamente la labor de los catequistas en el Iglesia es algo que también quiere promover este manual. La catequesis en diálogo se vuelve así lo que el Directorio denomina una «perspectiva de *docibilitas* y autoformación»[3]. En este sentido, es deseable para esta publicación que los catequistas se dejen impregnar por la vida (*docibilitas*) y se entiendan como acompañantes de otros en la fe (autoformación), lo cual repercutirá favorablemente en la vida de la propia fe.

Roma, 25 de marzo de 2023
Delegado para la catequesis en el dicasterio para la evangelización
Obispo Dr. Franz-Peter Tebartz-van Elst

¿Cómo transmitir
la fe en la época
de los jóvenes
misioneros?

Parte

01

El camino de la catequesis en diálogo

en diálogo

catequesis

PÁGINAS 12–55

Estar a la escucha es lo pertinente ante el silencio humilde de Dios.

Papa Francisco

1. ¿Qué quiere decir la palabra «catequesis»?

La palabra catequesis viene del griego *kat'echein*. En ella resuena la palabra «eco» y es que, de hecho, todo comienza con un «reverberar». En la fe nos viene al encuentro algo que nosotros, seres humanos, no podemos crear, esto es, la «revelación», o como se dice desde Karl Rahner: la «autocomunicación de Dios».

Esta imagen acústica nos lleva inmediatamente a lo más profundo de la catequesis. **La fe viene del oír** (Rom 10,17), es un resonar, un eco de un mensaje de alegría. La catequesis se asegura de que, en el corazón del hombre individual, así como en la comunidad de creyentes, resuene de forma sostenida y duradera algo que puede enderezar los presagios acerca del mundo: el mundo no está perdido. Dios es fiel. Al encarnarse su Hijo hace que sea verdad por segunda vez ese «muy bueno» del Génesis (Gen 1,18): el mensaje pascual, el cual redime los pecados y la muerte, vuelve a estar presente en el mundo. Y este mensaje afecta a mi biografía, es para mí una oportunidad vital.

Como joven catequista mi tarea es llevar el mensaje de Dios de distintas maneras y con ayuda de los medios modernos a la gente joven, de forma que su eco se haga fuerte en ellos, quizá en un momento que ni ellos mismos esperan. Nuestro trabajo es ser ese eco. No tenemos que hablar alto, pero tenemos que estar ahí.

Maria Francis, India

2. Catequesis a partir de Jesús

La historia de la catequesis empieza con el propio Jesús, el arquetipo y el primero de todos los catequistas. Jesús es todo comunicación: «Yo para esto he nacido y para esto he venido al mundo: para dar testimonio de la verdad» (Jn 18,37). Es el portador de un mensaje que afecta a todos los seres humanos: «Yo he venido al mundo como luz, y así, el que cree en mí no quedará en tinieblas» (Jn 12,46). Jesús reclama oídos atentos de sus oyentes: «¿[...] Tenéis oídos y no oís?» (Mc 8,18).

«El que tenga oídos, que oiga» (Mt 13,9). La reclamación de Jesús no queda desoída, con ella se llega a la iluminación, a la conversión, a la transformación vital, pero también aparece la ignorancia, el malentendido, el rechazo y la traición: «Hemos tocado la flauta y no habéis bailado» (Mt 11,17).

Jesús no fue solo catequista por haber enseñado, sino porque se entrelazó con los seres humanos de una manera inimaginable; al final, incluso «corporal». **Jesús en persona** es la verdadera luz (Jn 1,9), la verdad, la vida y también **el camino** que **conduce (kat`echein)** allí de donde procede la redención. Jesucristo es todo lo que Dios tenía que comunicarnos. Es el instrumento y el mensaje en una misma persona. Él es el perfecto comunicador: «por la 'encarnación' se revistió de la semejanza de aquellos que después iban a recibir su mensaje, proclamado tanto con palabras como con su vida entera»[4]. En Él se abre el camino de todos los caminos: la vía de salida de los dominios de la muerte, el camino de vuelta al hogar del Padre de la humanidad caída, al cielo que empieza en la tierra y ya no cesa.

También en Filipinas padecemos esa «dicotomía entre la fe y la vida diaria». Muchos son solo católicos de palabra. Otros van a misa los domingos, pero apenas viven en la fe durante el resto de la semana.

Glenn Magpusao, Filipinas

Por su crucifixión y su resurrección tiene que pasar quien quiera escapar de la muerte y encontrar la vida. «Pues bajo el cielo no se ha dado a los hombres otro nombre por el que debamos salvarnos» (Hch 4,12) En nuestro sí o no a Jesús se decide todo.

La catequesis existe porque Jesús forma a ciertos colaboradores y **encomienda una misión explícita a sus discípulos**[5]: «Id, pues, y haced discípulos a todos los pueblos, bautizándolos en el nombre del Padre y del Hijo y del Espíritu Santo; enseñándoles a guardar todo lo que os he mandado» (Mt, 28,19.20) Es una misión que está compuesta de cuatro imperativos: «¡Id…, haced discípulos…, bautizad…, enseñad!».

¡Id!
¡Haced!
¡Bautizad!
¡Enseñad!

En esta **cuádruple fórmula** originaria está contenido lo que una **catequesis moderna** acaba de redescubrir **dentro del horizonte de la nueva evangelización**:

1. el **compromiso de la Iglesia**, el ponerse en camino como misionero hacia los hombres;
2. el **objetivo catequético**, que ya no puede seguir siendo solo el católico practicante, sino que más bien tiene que ser conseguir al «discípulo misionero»;[6]
3. el **significado del bautismo** como nuevo lazo con la sangre de Cristo y como vínculo sacramental que se integra en el misterio de su corporalidad;
4. finalmente, la necesidad de una **integración existencial y doctrinal** en la «nueva vida» con Cristo y con la comunidad de los cristianos.

Del catecumenado a la educación religiosa

La Iglesia pentecostal creció en este reverberar de Jesús y, con ella, el número de los que querían ser bautizados. Comienza la fascinante historia de una iglesia del catecumenado. Quien quiera ser cristiano, no lo será por medio de un rápido acto administrativo o por medio de una ritual externo. Los catecúmenos (aspirantes al bautismo) pasaban por un aprendizaje de la lentitud que, por lo común, se prolongaba durante años. No solo recibían la doctrina («catequesis del bautismo»), sino que eran iniciados paso a paso en los secretos de la fe, eran en cierta medida «entrenados» y, así, se les daba la oportunidad en las confesiones y en los actos de acercarse al libre asentimiento de su fe. En esta aproximación a la Iglesia tenían que despedirse existencialmente de la «conducta inútil heredada de sus padres» (1 Pe 1,18). Solo entonces se les evidenciaba que ser cristiano era un encuentro personal; solo entonces se encontraban en el bautismo con la realidad pascual de Cristo. La catequesis era un proceso totalizador que cambiaba sus vidas; se integraban sacramentalmente en una Iglesia que todavía no había prescindido de su pretensión de ser una «nueva creación» (Gal 6,15).

En el período postconstantino disminuyeron los acontecimientos vitales dramáticos que podían empujar a la fe. Uno se hacía cristiano, por lo general, debido al nacimiento dentro de una familia cristiana.

La catequesis es una iniciación en la amistad con Cristo. Es un proceso de transformación y una conversión para toda la vida en discípulo misionero.

Sor Constance FMA, Zambia

La catequesis se convirtió en uno de los acontecimientos de transmisión más convencionales y paulatinamente pasó a ser **parte de la educación normal**.

Ahora bien, *kat'echein* puede traducirse en efecto por «educar», por «formar» o simple y llanamente por «enseñar». El catecumenado, como proceso de una integración totalizadora en la fe, abrió paso a un tipo de catequesis a la manera de una clase frontal monológica, lo cual conducía a todo tipo de malentendidos que con frecuencia desembocaban en puro adoctrinamiento, donde información poco contrastada se transmitía con mayor presión. Se impartía «clase» en una disciplina con un objeto muy específico.

El grupo objetivo era principalmente niños a los que, llegados a un cierto punto de sus vidas religiosas, se les ponía en conocimiento de las cosas de la fe. En otro ulterior estrechamiento debido a la contrarreforma, esto significa que: aquellos que fueron enseñados cristianamente debían haber recibido sobre todo un concepto de lo que era la recta fe eucarística, debían poder recitar de memoria las oraciones fundamentales, los diez mandamientos y los cinco deberes eclesiales, debían recibir los sacramentos y debían ser instados a cumplir con el deber de los domingos.
El efecto de esta instrucción era comenzar a formar al «católico practicante».

4. La catequesis es más que una clase

El Concilio Vaticano II ha descrito la Iglesia como comunidad, como cuerpo de Cristo, como luz de los pueblos. Una nueva mirada de la Iglesia y de la liturgia requiere algunas modificaciones también en la catequesis, la cual debe ser en diálogo, horizontal, participativa, llena de interacción y de testimonios. Tenemos que alejarnos de una catequesis que ejecute una suerte de **técnica religiosa** y que convierta la realidad de la fe en **materia científica**. Esto ha conducido hasta ahora a toda **una serie de distancia- mientos** de una catequesis auténtica y efectiva:

La catequesis, entendida como adoctrinamiento, conduce a una

falsa objetivación de la fe, como si se la pudiera transmitir objetivamente (en- tendida en abstracto y dividida en cómodas dosis) como se transmiten objetivamente las leyes de la física. La fe no puede ser transmitida sin que uno mismo esté en la fe, sin «vibrar» uno mismo. La difusión de la fe requiere primordialmente un testigo, y solo con posterioridad un profesor. «Lo que la gente de nuestros días busca, no es en primer término profesores, sino testigos de fe. Y cuando es profesores lo que buscan, los buscan como testigos de fe»[7]. Los testigos de fe generan convicción.

No es inusual que la catequesis

reduzca la fe a conceptos y a posiciona- mientos valorativos; se olvida así lo que tiene de mis- terio. El hecho de que Dios sea un misterio y que permanezca como un misterio en su revelación, el hecho de que sea insondable en su amor, reclama a su vez admiración, oración atenta y amor para percibir aquello que sobrepasa todo concepto[8].

A menudo los asistentes a los cursos de fe se sienten desbordados por

la catequesis cuando les falta ese anuncio inicial de la fe [9]

Sin que exista por lo menos una fe incipiente, la catequesis, y en general la teología, quedan flotando en el aire.

La idea de un «adoctrinamiento» conduce casi necesariamente a una

intelectualización de la fe

y a un programa de formación, como si la catequesis fuera un ejercicio intelectual y consistiera esencialmente en actos de aprendizaje cognitivo. De hecho, en la catequesis se trata menos de aprender textos e instrucciones que de entrar en contacto con una persona[10]. La catequesis sirve, en primer lugar, para inaugurar una relación duradera con Jesucristo[11], el cual tiene una presencia viva dentro la Iglesia. Gracias a la relación personal que se establece con Jesús, los contenidos y las intenciones de su mensaje adquieren una fuerza determinante que, sin embargo, nunca poseen cuando se toma el contenido sin relación con Su persona.

La catequesis es como jugar al fútbol: las reglas del juego tienen que estar claras, pero jugar de acuerdo con ellas significa algo más que solamente entenderlas.

Thomas Möllenbeck, Alemania

La catequesis, siendo solo información[12],

se queda a medio camino, donde no puede formar ni integrar verdaderamente, donde no puede mostrarse como ejercicio que contribuye a fundar una «nueva vida». La pregunta no es cómo aprendo sobre cristianismo. La pregunta debería formularse en términos de cómo puedo llegar a decir «Yo soy cristiano. Esta es mi identidad». El hombre en su totalidad, con la historia que ha dejado tras de sí, tiene que sentirse acogido de forma que su espíritu y su corazón se pongan en movimiento. La identidad de un hombre que quiere convertirse en cristiano no se desarrolla dentro de una subjetividad asilada, sino en un ecosistema de cristianos creyentes, los cuales, junto a él, transitan por un camino abierto y ascendente que modifica a todos los implicados y conduce a una más profunda cercanía con Jesús.

La voluntad de Dios no es ya para mí una voluntad ajena a la que me someten unos mandamientos desde fuera, sino mi propia voluntad que, por experiencia, me dice que de hecho Dios me es más íntimamente cercano de lo que soy yo para mí mismo. Entonces es cuando nace la entrega a Dios. Entonces es cuando Dios pasa a ser nuestra felicidad.

Papa Benedicto XVI

En muchas ocasiones ha habido una

clericalización de la catequesis.

La Iglesia tiene un «Magisterio». Este magisterio tiene el deber apostólico de mantener una sana doctrina (2 Tim 4,3) y de dar una catequesis auténtica. Pero no hay una división del trabajo que pudiera descargar a los laicos de la transmisión de la fe (como si los primeros estuvieran condenados a enseñar y los últimos a oír). El énfasis de EVANGELII GAUDIUM está orientado a la vocación misionera de todos: «Yo soy una misión en esta tierra, y para eso estoy en este mundo»[13]. Transmitir la fe es tarea de todos. Es una tarea que se produce como «efluvio divino» de todo el pueblo de Dios que se extiende de una generación a la siguiente: «los discípulos misioneros acompañan a los discípulos misioneros»[14]. Los padres que han entendido 1 Pe 3,15 (estad «dispuestos siempre para dar explicación a todo el que os pida una razón de vuestra esperanza»), no solo les regalan a sus hijos ese anuncio inicial de la fe, sino que ellos también les dan evidentemente una catequesis, aunque de una forma rudimentaria.

Como sacerdote me gustaría que todos los cristianos fueran catequistas y no esperaran a que los de arriba sean los que dispongan las cosas. Pero también me gustaría que todos los obispos apoyaran la catequesis porque realmente ayuda a la gente joven y la acerca a la Iglesia. Pues la catequesis significa que la gente joven puede convertirse en santa al reconocer el verdadero llamamiento de Jesús, verdadero maestro y Dios.

Benny Suwito, Indonesia

Las formas convencionales de catequesis han ignorado que la **integración en la fe requiere tiempo y un proceso:** formas de ejercitarse e iniciarse como las que en tiempos remotos se practicaban en el catecumenado[15]. La cuestión es ¿cómo se relaciona una biografía concreta con las realidades espirituales?; ¿cómo puede contemplarse el acercamiento de Dios con tal profundidad que una persona se anteponga a Jesús y a la decisión vital? Las cuestiones tienen que ser aclaradas con tranquilidad y sin presión, y las convicciones tienen que madurar para que se produzcan los actos libres de asentimiento a las invitaciones de Dios.

Otra actitud perjudicial consiste en fijar una **jerarquización en la transmisión de la fe,** como si fuera la catequesis una comunicación de un solo sentido, una declaración oficial y en monólogo desde arriba hacia abajo (de los que poseen fe y saben a los que tiene que recibirla y todavía no saben). El don del Espíritu Santo llega a todos como dicen tan magníficamente las reglas de San Benedicto, cuando el patriarca de todos los monjes dice: «el motivo de ordenar que todos sean llamados a consejo es porque muchas veces revela el Señor lo mejor al más joven»[16]. Aquí se muestra una auténtica sinodalidad al escuchar en común la palabra de Dios. La catequesis es infructífera en muchos sitios porque se la percibe como algo autoritario, porque no es capaz de desencadenar la auténtica dinámica de la que participa todo el mundo y porque con frecuencia no responde las auténticas preguntas de sus oyentes.

«En virtud del Bautismo recibido», dice sin embargo el papa Francisco, «cada miembro del Pueblo de Dios se ha convertido en discípulo misionero (Cfr. Mt 28,19). Cada uno de los bautizados, cualquiera que sea su función en la Iglesia y el grado de ilustración de su fe, es un agente evangelizador, y sería inadecuado pensar en un esquema de evangelización llevado adelante por actores calificados donde el resto del pueblo fiel sea solo receptivo de sus acciones»[17].

 En Brasil muchas catequesis para niños intentan adaptar la inspiración bíblica y catecúmena imitando los cuatro pasos del rito de la iniciación cristiana de adultos (RCIA) y promoviendo una catequesis iniciática, mistagógica y misionera.

Darlei Zanon, Brasil

También, como se había venido desarrollando después del Concilio Vaticano II, la catequesis funcionaba frecuentemente con

filtros antropológicos

Esforzándose por establecer una correlación[18] se filtraba de la revelación aquello que podía servir como interpelación de Dios en el hombre y se dejaban en un segundo plano aquellas cosas que pudieran poner en cuestión sus rutinas. Así surgían formulaciones como: «el objetivo supremo de la labor catequista consiste en ayudar al ser humano a tener una vida lograda haciendo que atienda a Dios cuando lo llama y lo interpela»[19]. Pero la catequesis tiene que partir de una percepción sin filtrar de la revelación de Dios tal y como está presentada en los textos y en la tradición de la Iglesia y no puede quedar condicionada por el «marco» antropológico. La catequesis solo es de ayuda para la vida cuando el ser humano se ve a sí mismo renovado a la luz de la revelación y cuando, tocado por el amor de Dios, no le pone condiciones a Dios para que sea efectivo.

Por último, si centramos la catequesis en el adoctrinamiento se promueve

una falsa individualización de la fe

Como resalta el Concilio Vaticano II, hacerse cristiano no es una cuestión privada entre el individuo y Dios. Cierto es que la catequesis hace posible el sí individual y autónomo a Jesús y a la fe en la Iglesia, de manera que uno se convierte a fin de cuentas en agente de su fe. Pero, al mismo tiempo, hacerse cristiano significa también un cierto (des) poseerse de sí mismo, un dejarse integrar en la forma social de Cristo, en la Iglesia. La catequesis o es eclesial y nos introduce en la Iglesia y en los sacramentos, o no es católica.

El carácter fundamental de la catequesis se pasa por alto, por tanto, si esta se entiende como una simple doctrina de cómo transmitir la pastoral y en ello no se ve más que una apasionante confección de un material para enseñar religión.

La catequesis es un acto originario y generador de la Iglesia; es el proceso en el que la Iglesia, con la colaboración del Espíritu Santo, se identifica a sí misma en la salvación como algo nuevo de generación en generación al posicionarse tras los pasos de Cristo

5. Del primer anuncio de Cristo a la catequesis

La catequesis no parte de cero. **Es un proceso que presupone ya el anuncio (el kerigma)**. «La relación con Jesús y el anuncio del Evangelio al mundo entero. ¡Y esto es lo esencial!»[20], destaca una y otra vez el papa. De hecho, ya Pablo vio en este «anuncio» la primera tarea de la Iglesia: «ay de mí, si no anuncio el Evangelio» (1 Cor 9,16). La palabra griega *kerygma*, que ya en el Nuevo Testamento es usada para la difusión pública de una verdad o noticia recibida de Dios, significa «dar a conocer»; se la usa para proclamar en voz alta algo extraordinariamente importante, como lo que decretaban a veces los emperadores en la Antigüedad en las grandes plazas de las ciudades. El contenido del anuncio (a la vez el principio de toda existencia cristiana) es: «Jesús es el Señor» (2 Cor 4,5). El papa Francisco describe este **primer anuncio**, con el que todo empieza así: «Jesucristo te ama, dio su vida para salvarte, y ahora está vivo a tu lado cada día, para iluminarte, para fortalecerte, para liberarte»[21].

En la Iglesia primitiva se diferencia claramente entre *kerygma* y *didaché*, es decir, entre «anuncio» y «doctrina». Los padres y las madres en la Iglesia primitiva solo querían empezar con la doctrina (la reflexión racional sobre la fe) cuando ya había alcanzado al bautizado el mensaje de todos los mensajes (el *kerygma*) y aquella podría echar sus primeras raíces en él. Raniero Cantalamessa, el predicador de la Casa Pontificia, veía toda teología y toda catequesis como el fruto en un «árbol majestuoso que ha crecido de esta semilla (el anuncio)..., pero que, como ocurre con la semilla natural, con el paso del tiempo queda enterrada»[22]. La catequesis es, por tanto, un proyecto de construcción que se asienta en la fe, al menos rudimentaria, que ha sido despertada por ese anuncio. «De no ser así», dice Maximilian Oettingen, «es como un discurso sobre cómo aprender a nadar sin haber estado nunca en el agua»[23].

6. Catequesis en el contexto de la (nueva) evangelización

Pablo VI con EVANGELII NUNTIANDI y el papa Francisco con EVANGELII GAUDIUM señalaron el camino **de un nuevo anuncio para la catequesis**: «Evangelizar constituye, en efecto, la dicha y la vocación propia de la Iglesia, su identidad más profunda. Ella existe para evangelizar...»[24], así lo expresaba Pablo VI en una exhortación a la acción que el papa Francisco recogió y acercó finalmente de forma decidida a todos los implicados en la Iglesia: «yo soy una misión»[25].

El nuevo «Directorio para la catequesis» recurre con toda claridad a ese planteamiento profético que se remite en último término a LUMEN GENTIUM y el pensamiento de la comunión como «clave general del Concilio Vaticano II»[26]. La catequesis ya no se puede desligar de los procesos de transformación espiritual, existencial y social de la persona; es un complejo «proceso de interiorización del Evangelio»[27] que involucra «a toda la persona en su propia experiencia de vida»[28], que está insertado profundamente en la Iglesia y que exige de intensos procedimientos[29] con los que acompañar al pueblo de Dios en su conjunto. Muy expresivamente el nuevo Directorio describe la esencia de la catequesis así:

Hemos llegado a un punto en la historia en el que reconocemos el significado fundamental de la catequesis para la vida de la Iglesia: catequesis es más que un aprendizaje racional, tiene que convertirse en un proceso intenso y transformador para la vida de los cristianos.

Luis Enrique Delgado, México

> **«La catequesis es un acto de naturaleza eclesial, nacido del mandato misionero del Señor (cf. Mt 28,19-20), cuyo objetivo, como su propio nombre indica, es hacer resonar continuamente en el corazón de cada hombre el anuncio de su Pascua, para que su vida sea transformada. En cuanto realidad dinámica y compleja al servicio de la Palabra de Dios, ella acompaña, educa y forma en la fe y para la fe, introduce en la celebración del Misterio, ilumina e interpreta la vida y la historia humana»[30].**

Por catequesis se puede entender, en consecuencia, la integración completa en el cuerpo vivo de Cristo (existencial, cognitiva, espiritual, social y sacramental), que se origina en procesos en los que se acompaña al pueblo de Dios en su conjunto. El plan de Dios es que toda la humanidad sea parte de su pueblo, parte del cuerpo de Cristo, primero, por medio del bautismo, después, en el período adulto, por medio de la catequesis. En un decidido «sí» a la persona de Cristo los cristianos se descubren como discípulos y amigos de Jesús y reconocen su vocación misionera. Vista así, la catequesis es un proceso de cambio vital, un avanzar a una nueva realidad posibilitada por Dios y el camino a una vida distintivamente cristiana.

7. Un nuevo planteamiento en la catequesis

En la Iglesia hay una «catequesis institucional»; enseñar la doctrina es, en primer lugar, la **tarea del obispo y de su presbiterio**. Como, ya en la Iglesia primitiva, los sacerdotes y los obispos no podían estar en todas partes, los catequistas (laicos) participaban en el magisterio oficial de la Iglesia. Para cualificarlos y poner de relieve su labor eclesiástica se les concedía una *missio*: una encomienda eclesiástica. Ahora el papa Francisco ha introducido a través del *motu proprio* ANTIQUUM MINISTERIUM[31] al catequista como una institución propia al honrar el trabajo de los laicos: «No se puede olvidar a los innumerables laicos y laicas que han participado directamente en la difusión del Evangelio a través de la enseñanza catequística. Hombres y mujeres animados por una gran fe y auténticos testigos de santidad que, en algunos casos, fueron además fundadores de Iglesias y llegaron incluso a dar su vida»[32].

El inusual empeño del papa Francisco en crear directamente una institución propia se justifica debido a la «renovada conciencia de la **evangelización** en el mundo contemporáneo», además de a la **«cultura globalizada»** y, por último, a la **necesidad de un «auténtico encuentro** con las jóvenes generaciones»[33].

Estos tres factores desencadenantes están interrelacionados:

- ▶ El descubrimiento de que una Iglesia sin anuncio misionero desatiende el fin de su existencia

- ▶ El descubrimiento de que en una cultura de medios globalizados Dios ya no aparece

- ▶ Y el descubrimiento de que las jóvenes generaciones no escaparán de la epidemia secularizadora si no surgen auténticos encuentros con y dentro de la Iglesia.

La Iglesia, opina el papa, no se puede permitir por más tiempo ignorar «las metodologías y los instrumentos creativos que puedan conciliar el anuncio del Evangelio con la transformación misionera que la Iglesia ha puesto en marcha»[34].

La gente joven pasa muchas horas de ocio en las plataformas digitales, por eso es muy importante que también allí la fe les salga al encuentro. En el centro de ejercicios espirituales Logos intentamos organizar convivencias para jóvenes e introducir cada semana una catequesis en diálogo en la que estudiamos una cuestión del YOUCAT y aclaramos las dudas de los participantes. Con este propósito usamos importantes medios digitales como YouTube para los directos y también la retransmisión de las sesiones e interacciones a través del chat de Whatsapp, ZOOM y otras plataformas. Puesto que usamos una amplia gama de medios de comunicación audiovisuales somos capaces de entrar en contacto con más de 3000 personas cada semana. Todo esto sucede en el contexto de una comunidad de testigos, de una comunidad de discípulos misioneros. De esta manera hay muchos jóvenes que vienen al centro que ellos mismos gestionan y trabajan en la ejecución de este programa semanal, convirtiéndose también en discípulos misioneros. Este programa puede actuar en diversas parroquias, en centros de ejercicios espirituales y en centros juveniles, de modo que a través de este nuevo enfoque en la catequesis se llega a evangelizar a muchos jóvenes.

Varghese Thomas, India

El papa habla conscientemente de **«encuentro», no habla de «instrucción»**. Encuentro[35] es una palabra del mundo del diálogo. El encuentro presupone un intercambio recíproco, una actitud abierta en cuanto a los resultados, una renuncia a la fuerza, una puesta en valor, una empatía y trato de tú a tú. El «encuentro» rompe con el falso modelo tan recurrente que piensa que la transmisión de la fe podría producirse de manera impersonal, por ejemplo, cuando se cree que se puede provocar un giro en el planteamiento de la catequesis con el empleo de formas de representación y de transferencia comunicativa de la fe basados en un abundante repertorio de medios de comunicación audiovisuales. Esto es importante (y el papa menciona también estos medios). Pero de lo que se trata es del «encuentro» (y esto acaba con la idea fija de una reproducción mecánica por parte de la Iglesia). El giro misionero exigido afecta a «los hábitos, los estilos, los plazos, el uso del lenguaje y cada una de las estructuras eclesiásticas»[36]. Este giro se produce en el seno de una comunidad de testimonios, de una comunidad de discípulos misioneros.

Un **«discípulo misionero»** puede ser cualquier persona comunicativa y dispuesta «siempre para dar explicación a todo el que le pida una razón de su esperanza» (1 Ped 3,15). El discípulo misionero contribuye a producir a su manera un efecto **en el proceso catequético de la Iglesia** y en su mundo, lo cual hace que la catequesis oficial e institucional no sea prescindible. El encuentro de una mujer con su marido puede generar una situación catequética si su búsqueda de un camino conduce a una profundización en el conocimiento de su fe. Los padres son seguramente los primeros catequistas de sus hijos cuando, hablando con ellos, incitan la apertura de sus hijos a Dios. Los vecinos de una calle pueden ser los catequistas de sus convecinos cuando su hospitalidad posibilita conversaciones de calado. Los amigos pueden, en lucha conjunta por la verdad, convertirse en catequistas de sus amigos. Y se pueden convertir en ello mucho antes de que el sacerdote asome por la puerta.

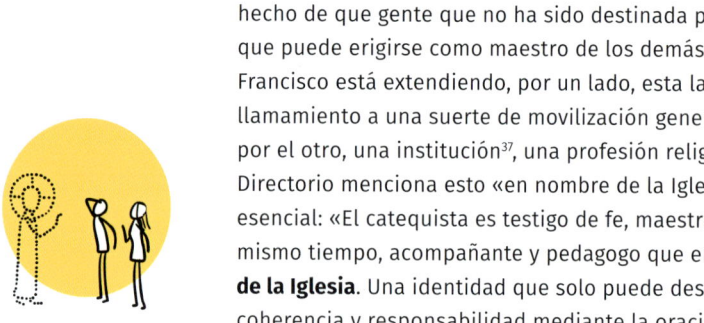

Este **cometido fundamental pero informal** que tienen todos los que han tomado contacto con el mensaje de Jesús y sienten dentro de sí el deseo de infundir las ganas de fe a todo el que se encuentra con ellos puede discurrir al margen de Jesús, al margen de la Iglesia y al margen de la «sana doctrina» (2 Tim 1,13) por el simple hecho de que gente que no ha sido destinada para ello piense que puede erigirse como maestro de los demás. Por eso, el papa Francisco está extendiendo, por un lado, esta labor haciendo un llamamiento a una suerte de movilización general misionera; y por el otro, una institución[37], una profesión religiosa. También el Directorio menciona esto «en nombre de la Iglesia» como un rasgo esencial: «El catequista es testigo de fe, maestro y mistagogo al mismo tiempo, acompañante y pedagogo que enseña **en nombre de la Iglesia**. Una identidad que solo puede desarrollarse con coherencia y responsabilidad mediante la oración, el estudio y la participación directa en la vida de la comunidad»[38].

Si la catequesis del futuro no ha de consistir en reforzar los métodos tradicionales, se tiene que reflexionar intensamente sobre cómo puede surgir en el **encuentro con los círculos de discípulos y en el diálogo**, sobre cómo ese diálogo puede ser potenciado y fortalecido por la Iglesia y sobre cómo, pese a su carácter de diálogo, no girará siempre en círculos sobre los mismos temas (con lo que no constituiría aprendizaje alguno). Tenemos que reflexionar sobre una innovación que en el Directorio es aludida bajo el epígrafe **«Catequesis como 'laboratorio' para el diálogo»**[39]. ¿Puede la transmisión de la fe suceder en el diálogo?

8. Diálogo y sinodalidad

«Toda verdadera vida es encuentro»[40] así reza una frase frecuentemente citada del filósofo judío Martin Buber (1878-1965). Esta frase nos hace ver claramente por qué tantas medidas catequéticas de la Iglesia no tuvieron efecto. Cuando los hombres son **instados, interpelados y apercibidos exteriormente** por una institución que cree que puede dar cuenta de su deber solo habiendo dejado su mensaje, los destinatarios no se sienten aludidos; y salen de clase sin haber sido impactados, transformados o tan siquiera instruidos por ese mensaje. Los dos mundos permanecen disociados. El encuentro no ocurre: lo que sucede más bien es lo que Martin Buber denomina en su autobiografía un «desencuentro»[41]. No se llega a la *fusion of horizons* («fusión de horizontes»), como lo formuló Charles Taylor apoyándose

en Gadamer. Pero esta fusión es necesaria para la constitución de una auténtica identidad, por ejemplo, para que alguien llegue a decir «soy un discípulo de Jesús y un cristiano católico». Solo se puede ser capaz de proferir una afirmación así después de un proceso en el que lo «propio» ha sido modificado por la percepción de lo «ajeno», de igual manera que lo ajeno ha sido modificado por lo propio. La fe de los cristianos se convierte en «mi fe» cuando, en el mejor de los casos, se da un encuentro ideal. El niño judío que fue Martin Buber experimentó temprano el desencuentro. Hasta los diez años tuvo clases privadas, para después pasar a un instituto polaco en el que la mayoría de los alumnos eran católicos. El día a día de la escuela se abría con una oración matutina de pie frente al crucifijo. El anciano Buber lo recuerda así: «me sentaba peor la obligación de estar de pie a diario en esa habitación llena de una murmurante letanía ajena que lo que me hubiera afectado un acto de discriminación.

Asistentes forzosos, cual cosas que tienen que participar en un oficio sacro en el que ni un ápice de mi persona podía ni quería participar. Y esto durante ocho años mañana tras mañana. Es algo que ha quedado marcado a fuego en la vida de aquel muchacho que fui»[42].

La catequesis como «letanía ajena» desemboca en lo contrario de la fe, a saber, en la retirada de la confianza y en la formación de un resentimiento que sella todos los caminos. En una Iglesia que tiene que reconocer lo estéril que se ha vuelto una catequesis sin diálogo y autoritaria, se levantan voces como la del papa cuando al final de sínodo juvenil de Roma se dirigió a los jóvenes y dijo: «Perdonadnos cuando no os hemos prestado atención; cuando en lugar de abrir vuestros corazones, os hemos llenado de palabras los oídos. Como Iglesia de Jesús lo que queremos es escucharos con amor»[43].

Lo que sucede en el diálogo lo ha descrito pormenorizadamente Martin Buber. **En el diálogo surge la identidad**. Quien haya observado el desarrollo de un bebé de cerca conoce el momento en el que el bebé sonríe conscientemente a su madre. Esa pequeña personita se convierte en un «yo» al encontrar a un «tú» y al sonreír con él se hacen uno. Antes el niño quedaba subsumido en una unidad simbólica con la madre. Pero ahora tiene un «yo», una identidad despertada por el amor.

Martin Buber traslada esto a la identidad humana en general cuando dice: «El hombre es en el tú donde se hace yo»[44]. **Necesitamos del otro para llegar a ser nosotros mismos.** En el prójimo ganamos confianza en nosotros mismos. Lo que yo soy es lo que expreso ante los demás. En la empatía descubrimos lo común. Mis convicciones son puestas a prueba y modificadas en función del entendimiento o no de los demás[45].

Esto es así también en la Iglesia. Podemos estar viviendo mucho tiempo en una unión simbiótica aparente con la Iglesia, podemos ir con ella sin pensar en lo que hacemos, sin tener una identidad como cristianos católicos. Vivimos de prestado, nos ocultamos, no queremos que nos hablen de nuestra fe, la declaramos un asunto privado, estamos identificados con ella solo parcialmente o no lo estamos en absoluto. No nos atreveríamos a decir nada en caso de que alguien quisiera calarnos y nos preguntara directamente o, como mucho, podríamos desviar la cuestión: «pregúntale mejor al cura, él tiene que saberlo».

Es la consciencia de ello lo que ha movido al papa Francisco a concentrar su pensamiento otra vez en la nueva evangelización y a declarar la **«sinodalidad» como el punto central** de su pontificado. El papa Francisco se reafirma en todo caso «en su promoción de los procesos y procedimientos sinodales dentro de la Iglesia católica» porque está convencido de que hay que transitar decididamente por «el camino de la sinodalidad y ahondar en él: esto es 'lo que Dios espera de la Iglesia del tercer milenio'»[46]. Desde el principio la Iglesia se entendió a sí misma como *sýnodos*: como un camino común. A los cristianos que siguen a Cristo se los denomina los que «pertenecen al Camino» (Hch 9,2). «En este sentido Juan Crisóstomo explica que 'iglesia' es un nombre 'que se refiere al camino común' y que Iglesia y sínodo son 'sinónimos'. La palabra 'sinodalidad' es, por eso, tan antigua y tan fundamental como la palabra 'iglesia'», explica el cardenal Kurt Koch[47]. Sinodalidad quiere decir, en primer lugar, participación de todos en la misión de la Iglesia, su profunda identificación al escuchar la Palabra de Dios. Se trata de superar el modelo eclesial que podemos parafrasear de la mejor manera con el concepto de «Iglesia asistencial»: una división del pueblo de Dios en los que asisten y los que son asistidos.

El hecho de que todos se tengan que sentir igual de aludidos ha sido en algunas partes entendido como una invitación a redistribuir nuevamente las relaciones de poder que están en disputa en la Iglesia. Pero la Iglesia no necesita un plus de mandatarios, sino un plus de testigos. El cardenal Koch dice: «mientras que el proceso democrático sirve ante todo para constatar las mayorías, la sinodalidad es un acontecimiento espiritual que tiene por objetivo encontrar en las convicciones de fe y los modos de vida que se derivan de ellas, tanto del cristiano particular como de la comunidad eclesiástica, **una unanimidad convincente y sólida en el camino del discernimiento»**[48]. La impronta misionera de la Iglesia no nace de su docencia, ni de la autoafirmación institucional, sino de su unanimidad en la alegría que les inspira el Señor. «Todos [han de ser] uno ..., para que el mundo crea que tú me has enviado» (Jn 17,21): esta es la *conditio sine qua non* de su supervivencia en un mundo que se debate entre olas siempre nuevas de secularización y que es reacio a todo intento de recibir una enseñanza que no se acredite con la innegable nobleza que proporciona la unanimidad en la alegría.

El **diálogo**, que es inherente a una profundidad sinodal semejante, **tiene que impregnar también la catequesis, el acto originario y generador de la Iglesia**. La identidad de la Iglesia (como la del individuo dentro de ella) resulta no de la conformidad con un mundo de objetos religiosos muertos, sino que es un «sí» vivo a la presencia viviente de Dios dentro de su Iglesia.

Es momento para un nuevo estilo, momento para una cultura que invite a conversar sobre la fe para que las certezas tradicionales se hagan habitables de una forma nueva y se pueda incorporar también a los hombres libres al gozo de los redimidos[49]. Tenemos que buscar cómo son posibles los procesos de adquisición de la fe que no consisten en una devoción impuesta desde arriba, sino en una auténtica realización de una Iglesia movida por el espíritu que escucha y que busca; de una Iglesia que alberga muchos tesoros, pero que, no por ello, lo sabe todo.

9. De Alfa a Beta

En ninguna otra parte del mundo existe en estos momentos un primer anuncio misionero tan eficiente como en los cursos conocidos como cursos Alfa[50]. A fecha de hoy el curso Alfa está operando justo como tiene que operar el primer anuncio misionero, incluso en la situación más extrema que es la que se da en las cárceles. Reúne a gente, la mayoría de las veces fuera de una institución (lo que es de gran importancia por ser un entorno neutro para el primer encuentro) y la acerca a la fe en Dios que se manifiesta en Jesucristo, como una cuestión que «me» afecta. En cierta medida, Alfa logra de una manera lúdica la base para la catequesis, para la integración de todos los hombres dentro de la fe de la Santa Iglesia católica y apostólica en su conjunto.

La hospitalidad desempeña un papel esencial; se pone mucho cuidado en que los encuentros empiecen en una atmósfera agradable y confidencial y con el placer sensible de una comida común. Así queda claro de entrada el plano en el que lo ajeno se puede convertir en propio para los demás: es el plano de un amistoso darse a que los otros participen de uno. No es un «te dejo participar de mi saber», sino un «comparto la vida contigo». Esto no es, por lo demás, nada nuevo. De Juan Crisóstomo (349-407) ha llegado hasta nuestros días la sentencia de que «si quieres que alguien se haga cristiano, entonces déjale que viva durante un año contigo».

El curso Alfa reclama, por supuesto, cursos Beta en los que **la gente que ha llegado a la fe descubra su identidad eclesiástica**. Esto es algo que se echa en falta en las estructuras clásicas de una Iglesia cuyo estándar continúa estando dominado por las pautas estructurales y post reformistas del Concilio de Trento (1545-1563). No debía haber a partir de entonces gente de la Iglesia que no tuviera parroquia. Surgió la comunidad territorial y dentro de ella un orden piramidal cortado según el patrón de los sacerdotes que obligatoriamente tenían que estar presentes, los cuales durante siglos se mostraron extraordinariamente eficientes, pero que hoy están amenazados por métodos monótonos, por la inanición espiritual y por rutinas vacías.

Si ha habido un fenómeno en las últimas décadas que se haya vuelto perceptible a lo largo y ancho de todas las confesiones cristianas como un acicate del Espíritu Santo para la renovación, **este ha sido la «pequeña célula»**[51], en la que la sal y la luz del Evangelio han vuelto a resplandecer. Todos los movimientos de renovación (por nombrar solo dos en el ámbito católico: los Focolares o la comunidad de Emmanuel) surgen de la «reprivatización del cristiano»[52] en las pequeñas células en las que los hombres han llegado a la fe, han descubierto su vocación los unos con los otros, han sido tocados por la palabra de Dios y han acordado los pasos comunes y obligados que hay que dar para seguir a Cristo.

La búsqueda, palpable a lo largo del mundo, de un cristianismo que nos incumbe y que sea inmediatamente inteligible, de un cristianismo en el que hay cercanía, calidez, contacto con lo divino y milagro, no siempre condujo, sin embargo, al pequeño círculo que existe en el seno de la Iglesia. **Las iglesias libres, enfrentadas contra la Iglesia establecida y las comunidades anónimas, empezaron a fascinar simultáneamente** debido a tres elementos: la concentración radical en Jesús presente e influyente en la Palabra; una aceptación y una valoración de la persona; y el neomisticismo de eventos efectistas. Para algunas iglesias católicas locales no ha habido ni hay todavía nada más amenazante que la fuga de jóvenes católicos defraudados hacia la euforia en torno a las iglesias libres en las que la búsqueda de hospitalidad, milagros y realidad por parte de la gente se veía y se ve todavía más cumplida de lo que se ve con los métodos aburridos, las prácticas desangeladas y los ejercicios ritualizados que a veces había en la Iglesia católica.

Pero donde la «pequeña célula» desencadenaba sus dinámicas centrípetas y donde todavía las sigue desencadenando, donde no se muestra reacia a la reunión en torno al altar y al anuncio de la Iglesia uno puede estar bastante seguro de encontrarse **en el lugar desde el que ha de**

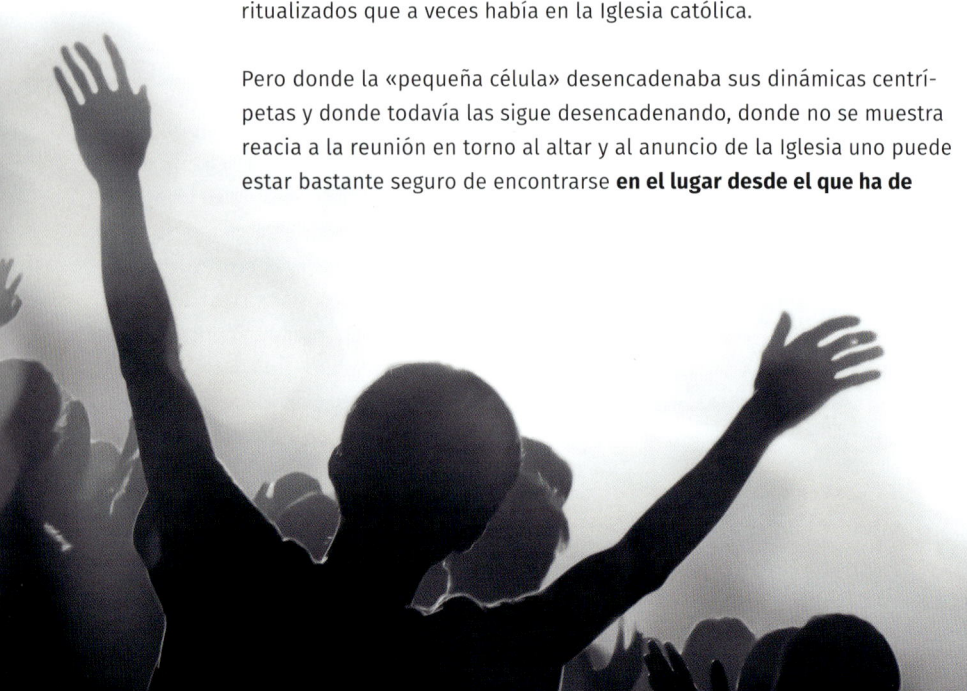

emanar la renovación de la Iglesia. Aquí es donde yo encuentro la búsqueda unánime que presta oídos a la Palabra de Dios y constituye así la sinodalidad. Es aquí donde, como en un puzle sobrenatural, todo encaja.

Aquí, en la «pequeña célula» el carácter que da sentido a la *communio* de la Iglesia se hace una realidad tangible. Aquí hay auténtico diálogo; aquí llego al yo en el tú. Aquí se afianzan mis convicciones libres al ponerlas a prueba con la fe universal de la Iglesia y con los demás que están allí conmigo. Aquí me convierto en sujeto de mi fe. Aquí abandono las identificaciones parciales y la cristiandad a medias o condicionada. Aquí encuentro la identidad fuerte que siempre abre nuevas oportunidades de crecimiento en la amistad con Jesús y con su círculo de amigos[53]. Aquí maduro hasta convertirme en un discípulo misionero y en testigo de la Resurrección que puede dar justificación a una fe que, en la paradójica realidad de su gracia, es enteramente mía y enteramente fe de la Iglesia.

Esta es la fe firme que es capaz de *martyria*, del testimonio de la sangre que se vierte en aras de su verdad. John Henry Newman ha descrito en su *Gramática del asentimiento* la diferencia entre un asentimiento puramente conceptual a la fe, el *notional assent* («asentimiento nocional», en el que uno toma en consideración «sus propias creaciones en vez de las cosas»)[54], y «el asentimiento real», *real assent*: «Nadie [...] quiere morir por sus propias cavilaciones; uno muere solo por realidades»[55].

La Iglesia católica está aprendiendo a ver **el discipulado en la «pequeña célula» como un lugar de aprendizaje y de formación de identidad y, con ello, como lugar de catequesis**. Aquí pretenden encontrar los hombres una patria espiritual; aquí buscan buenas razones para poder decir sí, a Jesús y a la Iglesia, con una continuidad que dure toda la vida. Aquí está la predisposición para entrar en la iniciación. Aquí se abre la puerta al proceso catequista. Aquí habla el Señor por medio del Espíritu y por medio de todos los que se han vinculado con él, a través de los que quisiera decir bien alto: **«donde dos o tres se han reunido en mi nombre, allí estará yo en medio de ellos»** (Mt 18,20). En las células de fe, en los grupos de conversación, es donde crecen hombres y surge en cierta medida la «Iglesia». Entre dos o más hombres que coinciden en lo más profundo, se puede ver emerger la realidad de Dios. Son procesos de concienciación. En estos procesos de conversación cualquiera puede mezclarse, tal y como es. Uno está un poco más avanzado en la fe, otro es un principiante. Uno tiene una profunda experiencia, otro busca todavía entre el dolor una experiencia semejante. De esta forma podemos ser una ayuda recíproca.

La **«catequesis en diálogo» aparece como una forma adecuada de incorporar procesos de identificación y aprendizaje en la «pequeña célula»**, abrirla hacia la totalidad de la fe y evitar con ello que nade en su propia salsa, que quede desatendida en sus propias preguntas y temas, que tome por la verdad el simple cúmulo de sus propias formas de ver las cosas y que acabe por ahogarse. Hay dos elementos de la catequesis en diálogo que la cualifican para ello:

a) No es autoritaria; no enseña desde arriba, pero posibilita que se generen convicciones al considerar la fe en común y con libertad.

b) Tiene como pauta poner a diálogo las respuestas del catecismo como representaciones de la fe común y trans subjetiva de la Iglesia sin por ello dar por sentada la aceptación subjetiva de esta fe en un asentimiento real.

10. Experiencias de aprendizaje en YOUCAT

El catecismo para jóvenes YOUCAT se originó a partir de una extraña circunstancia. Con ocasión de la presentación del COMPENDIO PARA EL CATECISMO DE LA IGLESIA CATÓLICA[56] en Viena se produjo un imprevisto curioso. Una madre se había hecho la esperanza de encontrar en el COMPENDIO una suerte de catecismo para la familia que pudiera regalar a sus hijos adolescentes, pues leyó en el *motu proprio* anexo del papa Benedicto XVI que allí se encontraría «un tipo de vademécum que permitiría al hombre, fuera creyente o no, obtener de una vez una visión panorámica sobre la fe católica»[57]. Sin embargo, esta mujer manifestó frente al cardenal Schönborn que «el libro estaba bien para mí, pero a mis hijos no se lo voy a pasar. Es muy complicado y aburrido. Vaya y dígale al Santo Padre que lo que necesitamos es un catecismo para jóvenes capaz de fascinar y no algo como esto». De hecho, el compendio, que había reducido las más de 800 páginas del gran CATECISMO DE LA IGLESIA CATÓLICA a 300, adolecía de lo que adolecen todos los resúmenes, por bienintencionados que sean: a menudo estas 300 páginas son más complicadas que el original, lo cual sirvió para que algún gracioso ante esa situación hiciera una broma: «es como con un caldo, llega un momento en el que te pasas de cocer y ya no puede saber bien».

La pequeña escena en la sala de prensa en Viena abocó en verdad a un experimento con desenlace incierto. El cardenal Christoph Schönborn vio también la necesidad de un catecismo para jóvenes, pero le dio al grupo de párrocos y teólogos que se querían poner a trabajar en el esbozo un consejo para cuando realizaran el proyecto que tendría enormes consecuencias: **«si se hace algo para la gente joven, se tiene que hacer con la gente joven»**. Los implicados siguieron este consejo…, y así fue como surgieron en los veranos de 2006 y 2007 los dos grandes campamentos a los que asistieron más de 50 jóvenes. Todos juntos leyeron el COMPENDIO intentando entenderlo, podían plantear preguntas y

La catequesis es como el espíritu en el cuerpo que hace que los cristianos cobren vida en Cristo. Yo estoy orgulloso de ser parte del movimiento YOUCAT, con el que se intenta ayudar a jóvenes y personas aisladas a amar más a Dios y a ser también testigos de Cristo. Como sacerdote este movimiento es muy útil y un camino para ayudar a la gente joven a acercarse a la Iglesia como a una madre que les ayudará a ser católicos virtuosos

Benny Suwito, Indonesia

articular su desacuerdo. El hecho de que los autores del YOUCAT estuvieran practicando la sinodalidad es algo que solo se les hizo evidente más tarde. El cardenal Lehmann fue quien lo elogió: «El catecismo no se va a poner delante sin más a la juventud, sino que ha sido la juventud misma la que en gran medida con sus preguntas, pero también por medio de sus propuestas lingüísticas la que se ha convertido en 'sujeto' del YOUCAT. Esto es un testimonio extraordinario de renovación en la tradición del catecismo que no se puede destacar suficientemente. En ello reside una forma realmente nueva de abordar a las jóvenes generaciones»[58].

El papa Benedicto XVI en persona había animado a los jóvenes **a salir de la actitud pasiva y a entrar en diálogo unos con otros** sobre lo que concierne a «nuestro propio destino y por eso es sumamente importante para cada uno de nosotros»[59]. Invitó a los jóvenes lectores a convertirse en sujetos de su fe, a formarse de maneras muy diversas para poder participar activamente en la transmisión de la fe, para lo cual les recomendó el nuevo catecismo para jóvenes que hizo que se repartiera en cientos de miles de ejemplares en la Jornada Mundial de la Juventud en Madrid.

«Formad grupos de trabajo y redes, intercambiad opiniones en Internet. ¡De cualquier forma, mantened conversaciones acerca de la fe! Tenéis que saber qué es lo que creéis. Tenéis que conocer vuestra fe de forma tan precisa como un especialista en informática conoce el sistema operativo de su ordenador, como un buen músico conoce su pieza musical. Sí, tenéis que estar más profundamente enraizados en la fe que la generación de vuestros padres, para poder enfrentaros a los retos y tentaciones de este tiempo con fuerza y decisión»[60].

Los jóvenes lectores se tomaron esto muy en serio. Ya en el avión desde la Jornada Mundial de la Juventud a sus países de origen formaron **grupos de estudio autónomos** que a menudo tuvieron continuidad por años. En los distintos países (Brasil, Colombia, Nicaragua, Filipinas, Indonesia, la India, el Líbano) se formaron movimientos impulsados por gente joven para estudiar la fe. De estos grupos de base derivaron vocaciones y conversiones[61].

En el sínodo de la juventud de 2015, obispos de los más distintos países anunciaron aquel inesperado regalo, con el que el papa quedó tan impresionado que pidió de improviso más de 200 DOCAT para repartirlos entre los delegados. Y la historia en la que la gente joven por propia iniciativa emprende algo creativo con el catecismo joven está lejos de acabar aquí.

11. ¡Conoce!, ¡reúnete!, ¡compártelo!, y ¡exprésalo!

Para apoyar las iniciativas que a partir de la palabra inspiradora del papa Benedicto originaron el YOUCAT, se animó a los jóvenes a fundar «study groups», es decir, grupos de fe; se elaboró un número cada vez más grande de las llamadas «study guides». Estas guías de estudio se presentan en la página web de YOUCAT de la siguiente manera: «Con las *study guides* podéis trabajar los contenidos de YOUCAT de forma estructurada dentro del grupo. ¡Simplemente descargáoslas, imprimidlas y listo!».

En general, se trata de una concepción abierta que puede ser utilizada, modificada y empleada en distintos contextos. El impulso originario del papa Benedicto alcanzó a toda la Iglesia. Es una movilización de los que hasta ahora estaban de oyentes y eran receptores de la catequesis. Como si el papa dijera a los jóvenes en la Iglesia: ¡tomad vosotros mismos lo que no se os ha dado! Para reforzar este impulso originario y enfocar las diversas dinámicas a los distintos países se adoptó como lema esta **cuádruple fórmula tan pegadiza: ¡Conoce!, ¡reúnete!, ¡compártelo!, y ¡exprésalo!**

Conoce: Con su exhortación, «tenéis que saber qué es lo que creéis», el papa Benedicto avivaba en muchos jóvenes algo que guio sus ganas de saber y sus ansias de investigar las cosas hasta el final. Entendieron que, si querían tener, como cristianos católicos, una identidad convincente, tenían que buscar apasionadamente lo que Dios quería decirles y lo que era la fe común de la Iglesia. Con las Sagradas Escrituras y el Catecismo la Iglesia ofrece a cada nueva generación montañas valiosísimas de recuerdos imperecederos. La aventura de la fe consiste en explorar esas valiosísimas montañas.

Reúnete: Con la divisa «formad grupos de estudio y redes, intercambiad opiniones en Internet» el papa invitaba a los jóvenes a formar comunidades de estudio concretas, a reunirse física y virtualmente para descubrir juntos los tesoros de la fe. Los aludidos sacaron de ahí una experiencia estimulante: la fe les sacó de la soledad y del aislamiento y les condujo a una comunidad, el cuerpo de Cristo. Aprender a creer quiere decir aprender «la Iglesia» y, al mismo tiempo, ser «Iglesia». La gente joven descubrió la Iglesia como punto de encuentro en Dios. La descubrieron como un lugar en el que no solo se podía hallar a Dios en la Palabra y el Sacramento, sino donde también uno podía ser obsequiado de nuevo con la presencia del otro: como hermano, como hermana.

Compártelo: Con «¡De cualquier forma, mantened conversaciones acerca de la fe!» el papa invitaba a los jóvenes a entrar en verdadera conversación sobre lo «que nos incumbe a cada uno de nosotros de la manera más profunda». La gente joven entendió a lo que Benedicto XVI apuntaba con ello: atrévete a compartir, ¡en el mundo digital y en tu vida normal! Ábrete. No te quedes dentro de ti. Aprende con los otros. Busca con ellos a Dios. Déjate ayudar. Haz que te corrijan. Comparte tu deseo. Comparte tus experiencias. Comparte tus conocimientos. Comparte tus preguntas, tus dudas, incluso tus fracasos. Tus progresos en la fe son importantes para los demás. Si te acercas a Dios, lleva a los demás contigo. La Iglesia es una comunidad de camino, en el cual se comparte también espiritualmente el pan entre todos. La Iglesia comparte algo conmigo, me da una parte de algo. Al mismo tiempo yo tengo que poner lo mejor de mi parte y compartirlo con los demás[62].

Exprésalo: «Introducid el fuego nuevo y lleno de energía de vuestro amor en la Iglesia, por más que algunas personas hayan desfigurado su rostro. 'En la actividad, no seáis negligentes; en el espíritu manteneos fervorosos, sirviendo constantemente al Señor' (Rom 12,11)» había proclamado el papa Benedicto XVI ante los jóvenes. Ellos entendieron lo que él les quería decir: no te quiebres la cabeza ni conviertas esto en una lección abstracta. De lo que se trata aquí es de «una fe que actúa en el amor» (Gal 5,6).

¡Atreveos a proporcionarle a la fe una expresión visible! ¡Una expresión diaconal, litúrgica, existencial, creativa! ¡Entrad directamente en contacto con Dios! ¡Rezad, pues esta es la primera y más importante expresión de vuestra fe! «Por sus frutos los conoceréis» (Mt 7,16). Donde se comparte la fe, donde la Iglesia surge de nuevo a partir de lo pequeño, allí suceden también cosas nuevas.

El Espíritu Santo nos quiere llevar a salir de nosotros mismos, a abrazar a los demás con amor y a buscar su beneficio. Por eso, es siempre mejor vivir la fe conjuntamente y mostrar nuestro amor en la vida en común y al compartir con otros jóvenes nuestras preferencias, nuestro tiempo, nuestra fe y nuestras preocupaciones.

Papa Francisco

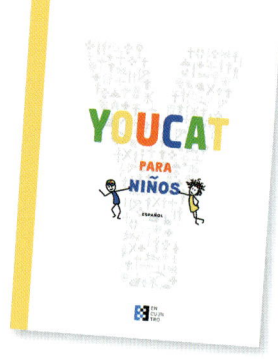

Partiendo de estos principios se desarrolló la Fundación YOUCAT, la cual ve su labor en seguir desarrollando de forma participativa (sinodal) materiales analógicos y digitales para la catequesis y, al mismo tiempo, en fomentar todo lo que pueda «sacar al catecismo del armario», como lo formuló el cardenal Schönborn. Entre tanto el YOUCAT ha sido autorizado en 70 idiomas. También los libros sucesivos (entre otros, el DOCAT —un compendio juvenil de la teoría social[63]—, el YOUCAT para niños, un libro para la confirmación, un libro que instruye a la gente joven sobre la confesión, un libro de oración para jóvenes, un curso de fe…, etc.) han sido imprimidos en su totalidad en más de 30 idiomas, convirtiéndose en todos los continentes en los libros católicos más vendidos con diferencia. En estos momentos grupos internacionales están trabajando con una nueva manera que ellos mismos han desarrollado de *Community Writings* (y siguiendo el AMORIS LAETITIA) en un manual para gente joven que se quiere casar, así como en un catecismo elemental (YOUCAT BÁSICO), que compendiará otra vez el gran catecismo en un estilo que la gente sencilla pueda entender. Obispos de Asia, Latinoamérica y, sobre todo, África, han expresado su deseo de disponer de algo así.

El enriquecimiento que genera el «escucharse»[64] todos juntos en encuentros participativos forma parte desde los momentos iniciales del ADN de YOUCAT. Trabajar en y con la herramienta del catecismo es una labor que se hace dentro de la Iglesia, la cual también busca con su magisterio la comunidad de camino junto a aquellos que están implicados. Involucrar a los «implicados», sobre todo a los jóvenes, en la elaboración de libros es muy trabajoso y caro; exige tiempo y muy variados procedimientos de comunicación y no sería imaginable sin la fundación pontificia Ayuda a la Iglesia Necesitada.

Sin embargo, después de diez años de trabajo tenemos a estas alturas una joven e innovadora biblioteca de catequesis elaborada de manera sinodal que se ha extendido por todos los continentes llegando hasta pequeños grupos lingüísticos (véase el caso del mongol). Nuevos libros, que han obtenido notoria efectividad, instan a una metodología de la mediación que sea igual de innovadora, participativa y sinodal que los libros mismos.

12. Por qué la catequesis necesita el catecismo [65]

Antes de hablar del catecismo como fuente de re-forma de la Iglesia, se tiene que hablar de las Sagradas Escrituras. Allí donde la Iglesia esté en crisis, donde requiera de una reforma de su dirección o de sus miembros, está siempre emplazada a usar su primer y mejor remedio: **la relectura de las Sagradas Escrituras**. Todas las reformas fundamentales de la Iglesia se muestran, en retrospectiva, como una consecuencia de haberse vuelto a concentrar reiteradas veces en la Palabra viva, en la Palabra creadora de vida de Dios. Son como desbrozamientos de la fuente de la que se puede beber para dejarse guiar, curar, animar y encaminar en el día a día concreto por la Palabra de Dios.

La necesidad de meditar sobre el catecismo no es tan evidente. En amplias partes de la Iglesia se trabaja intensamente con el catecismo[66]. En otros lugares se lo encierra bajo llave en el cajón de la teología. Sobre los motivos que han llevado a alejar el catecismo de la catequesis o a menospreciar su significado («el catecismo no es el Corán»)[67], no hace falta que emitamos aquí un juicio. **El catecismo, así lo constataba Juan Pablo II, es «la norma segura para la doctrina de la fe»**[68]. En cierta medida, Juan Pablo hizo que se configurara como resultado y fruto último del Concilio. Tampoco el papa Francisco abandona esta tradición hermenéutica[69]. Si no hay una norma segura, se desintegran los contenidos de la fe en el espectro de una pluralidad de opiniones teológicas o en un arsenal de pedazos inconexos. Al final ya no queda ningún contenido y la fe se torna en gesto vacío..., y la creencia se vuelve credulidad. El catecismo, que representa la «sana doctrina» (1 Tim 6,3), es por supuesto la interpretación de las Sagradas Escrituras, las únicas que se le imponen a la Iglesia con carácter normativo, pero que, a su vez, son el «libro de la Iglesia».

¿Qué se sabría de la fe y de la vida de la Iglesia, si nos remitiéramos solo a la Biblia y no a la tradición y a la interpretación viva e inspirada por el Espíritu Santo que tiene la Iglesia?[70] No se sabría por qué la comunidad de la Iglesia estima tan alto los diez mandamientos y reconoce justamente solo siete sacramentos, por qué hay Navidad y Semana Santa, por qué la Iglesia conoce un año litúrgico en recuerdo de determinadas fechas que son sagradas y que se repiten cíclicamente con rituales de conversión y con un amplio espectro de festividades. No se sabría por qué creemos en la Trinidad, por qué hay párrocos, obispos y por qué hay en general algo así como puestos institucionales en la Iglesia, por qué se santifica el domingo y por qué nos reunimos en «el día del Señor» para la Eucaristía; cosas como estas se pueden encontrar en cualquier catecismo. La fe no consiste en atarse a reglas e instrucciones de un Jesús histórico ya remoto, sino en la experiencia de la presencia de Jesús en la Iglesia que le sirve de mediadora, en ese lugar donde se puede habitar en la concreción buena del orden divino y con reglas beneficiosas para la vida. El catecismo conserva también en la memoria colectiva los momentos más selectos y que más nos vinculan a nuestro entorno y los lleva a todo su esplendor.

El catecismo, se puede decir, es la hermenéutica de la Iglesia. Es el libro en el que, de forma coherente, se dice, se explica racionalmente y se garantiza por medio de la Iglesia lo que cabe esperar con fundamento, lo que hay que creer necesariamente y lo que hay que hacer en consecuencia para ser cristiano.

La alternativa a crecer en la fe mediante un activo discernimiento de lo que le es propio se llama sincretismo, eclecticismo, saber a medias, simple constructo, es decir, nada.

La catequesis en diálogo se integra en el catecismo en la medida en la que este debate con la comunidad de interesados un tema distinto en cada caso. Este tema puede ser elegido subjetivamente, pero es mejor orientarse según la secuencia de cuestiones que hallamos en el catecismo. Para usar una imagen ilustrativa: como en el rosario, los participantes en la conversación tienen que pasar por todas la «cuentas» para poco a poco irse haciendo presente ante los ojos la «figura» en toda su integridad, la totalidad de la fe. La **propia Iglesia se vuelve mudo testigo de esta conversación mientras los participantes intercambian pareceres**. La cuestión de «para qué estamos en la Tierra» no solo se encomienda a la experiencia de los participantes o a su saber, en el sentido de que A diga esto y B diga aquello. A esto hay que añadir un escuchar a la Iglesia, cuya sopesada respuesta tiene un carácter sinodal. Lo que se quiere decir con esto es que esta respuesta se debe al diálogo de muchos a través de todos los siglos; esta respuesta es el resultado de una larga historia de escucha espiritual y teológica de lo que en su momento se dio por revelación. Por eso, la respuesta de la Iglesia posee una dignidad propia que merece ser tomada en cuenta especialmente; tiene la eminencia de una contemplación colectiva y, por esa razón, irradia objetividad. La admiración y el respeto evitan que uno se pueda servir de los filtros del subjetivismo y del relativismo. Hay un «holismo» de la fe que prohíbe preguntar: «¿Qué es lo que puedo usar de ahí y qué es lo que no me interesa?».

La **respuesta que representa la Iglesia no ignora, sin embargo, nuevas y mejores respuestas**; no excluye conocimientos mejores y más incisivos que podrían darse en la conversación entre los jóvenes y que incluso se darán de hecho. Pero estas nuevas respuestas están siempre en continuidad y en conexión con la respuesta de la Iglesia. Dado que el sí de la fe es siempre un consentimiento libre y autónomo, y así tiene que ser, es posible que el individuo no concuerde (todavía) con la respuesta colectiva, ya sea porque necesita tiempo, oración o clarividencia, ya sea porque no puede vencer sus dudas o ya sea incluso porque alguien le haya transmitido una respuesta que quiebra el vínculo que le haría entenderse con la Iglesia. Un «pero yo tengo razón» sostenido solo en una comprensión y fuerza únicamente subjetivas y que le dé la espalda a las Santas Escrituras y al testimonio apostólico es, en última instancia, un precario posicionamiento. Se aleja escudándose en el espacio de conocimiento para el que la Iglesia ya no puede ofrecer garantías. Rehúye también de la *Communio* con la iglesia, de su grupo de comunión.

13. El catequista dentro de la comunidad de discípulos

La renovación de la Iglesia en el redescubrimiento de los discípulos y del discipulado[71] ha creado un nuevo tipo de comunidad impregnada por el Evangelio: la «pequeña célula», en la que se desarrolla y se encuentra la identidad cristiana en una nueva forma de vida vinculante. Los grupos de discípulos son grupos de amigos de Jesús que están caracterizados por un gran dinamismo propio y por una voluntad autodidacta.
En ellos existe una buena disposición frente al otro, un querer oír y un querer seguirle. Aquí hallamos esa «obediencia» que la modernidad tan a menudo (y no sin razón) ha estado difamando y que se corresponde con el mundo vital del Nuevo Testamento en el que precisamente «obedecer» equivale a «creer»[72].
Ya Jesús ve la esencia de su misión en la obediencia frente a su Padre (Jn 4,34; 14,31) y en la Carta a los Filipenses 2,8 se dice de Cristo que «...se humilló a sí mismo, hecho obediente hasta la muerte, y una muerte de cruz». Justo esta actitud tiene prolongación en el círculo de Sus discípulos y se vuelve símbolo de sus seguidores (Rom 1,5; 15,18; 1 Pe 1,2). «Solo la obediencia cree», dice Dietrich Bonhoeffer en su fundamental libro El seguimiento, «y solo el creyente obedece».

Pese a la importancia de la participación de todos para encontrar la forma de la fe, habrá siempre, sin embargo, gente que lleve distintas velocidades en su camino hacia Jesús y hacia la Iglesia. Que los creyentes vayan entendiendo todos a la misma es algo que no basta por sí solo.

Será necesaria siempre la persona que esté en la comunidad buscando con los demás como entre iguales, pero esta, sin embargo, no trabajará completamente «bottom up [de lo concreto a lo abstracto]», sino que saldrá de entre ellos al encuentro de la gente con una misión propia

Al respecto de esta medida es una feliz circunstancia que el papa Francisco haya creado con ANTIQUUM MINISTERIUM un puesto propio de catequista que está explícitamente abierto[73] a sucesivas reconfiguraciones profundas para que se consiga la trasmisión de la fe también en la época del discipulado misionero.

Tenemos muchos catequistas tradicionales, pero lo que nos falta es gente misionera que comparta su vida y su entusiasmo con los jóvenes

Obispo Roberto Calara Mallari, Filipinas

Sería otro gran paso para la próxima generación, un paso también en la realización concreta de la nueva evangelización si se pudiera establecer (quizá primero a nivel diocesano) una hermana menor por debajo de la gran MISSIO CANONICA, a saber, una institución con el nombre de MISSIO JOVEN. Esta certificación sería un reconocimiento para los católicos jóvenes que se hubieran preparado para servir a una trasmisión de la fe más acorde con ellos y que se hubieran sometido a un examen. La consecución de la MISSIO JOVEN sería el objetivo final de un proceso de cualificación de jóvenes catequistas como el que se usa en muchas iglesias locales para que gente joven actúe de tú a tú entre otros jóvenes, siendo capaz de dar testimonio, capaz de nuevas formas de catequesis en diálogo. Justamente ese joven católico que se subordina a los procesos catecumenales que se dan en la comunidad para hacerse cristiano puede ser «testigo de fe», puede evolucionar para un día llegar a ser «maestro y mistagogo al mismo tiempo, acompañante y pedagogo que enseña en nombre de la Iglesia»[74].

14. Experiencias procedentes de un proyecto experimental de diálogo

En un proyecto experimental, bajo la rúbrica «MISSIO JOVEN», YOUCAT en colaboración con P. Hans Buob y Haus Hochaltingen[75] —donde catequistas se han estado formando durante años en un ambicioso programa— intentó formar como catequistas en un curso de un año y medio a 30 jóvenes cristianos católicos según este nuevo modelo. La experiencia fue muy alentadora, como lo demuestra el hecho de que el curso destacara por el alto nivel de motivación entre los asistentes y el hecho de que dentro del grupo surgieran varias vocaciones.

El concepto tenía base en un módulo de cuatro pilares o cuatro talleres. Es precisa la combinación orgánica de un **taller de oración** con un **taller de fe**, un **taller de vida** y un **taller de misión** con el fin de promover las competencias que un joven catequista debe adquirir para ser eficaz en el ámbito de la nueva evangelización.

▶ **Taller de oración:** En ningún lugar se experimenta a Dios como una presencia viva más que en la oración y el culto. La oración en todas sus formas es el fundamento y el espacio permanente sin el que los contenidos no pueden ser enseñados y los instrumentos de la fe son inservibles.

▶ **Taller de vida:** dado que los procedimientos catecumenales acentúan el plano cognitivo y significan la integración existencial de la persona en la forma de vida adecuada a la fe, los candidatos estuvieron acompañados todo el tiempo por mentores (párrocos, o laicos con

experiencia y afianzados en su fe). Así el momento de la conversión pudo adquirir la importancia que le corresponde.

▶ **Taller de fe:** El manejo de las Sagradas Escrituras y su interpretación eclesiástica constituyeron aquí la base fundamental. La Biblia joven YOUCAT, con su «encuadre» eclesiástico en los textos de referencia transmitió la hermenéutica católica: las Sagradas Escrituras como libro de la Iglesia. Puesto que una catequesis sin catecismo se queda flotando en el aire, los aspirantes se familiarizaron con el CCE y con todas las obras catequéticas que están disponibles en YOUCAT como transcripción adecuada para jóvenes y niños del CCE. Además del YOUCAT, se trata sobre todo del YOUCAT para niños y del DOCAT (la teoría social). Pronto estará disponible un YOUCAT BÁSICO: el intento de una síntesis aún mayor de la fe de la Iglesia.

▶ **Taller de misión:** Los candidatos aprendieron cómo se puede entrar en contacto con otros jóvenes para, de tú a tú, proceder al estudio en profundidad de los contenidos de la fe, cómo se puede dirigir uno a los demás de manera digital y analógica, cómo se forma una célula juvenil de fe y cómo se puede servir a la Iglesia local, por ejemplo, en los preparativos para la confirmación.

El proyecto experimental se continúa desarrollando para seguir ajustando el modo de proceder, para acompañar mejor en lo teológico y para reunir más experiencias.

15. Catequesis en diálogo en un vistazo

Para conseguir esa «diferencia» que «marca la diferencia» (Gregory Bateson) en la catequesis son necesarias transformaciones con el objetivo de ampliar el espectro de lo catequético:

▶ La catequesis en diálogo no quiere sustituir a la catequesis clásica e institucional de los obispos y los sacerdotes.

▶ La catequesis en diálogo es un «método de apoyo previo» que tiene que darse porque hay determinados grupos de discípulos para los que es preciso un aprendizaje orgánico e integral. Se propicia así a una serie de incursiones de descubrimiento en la fe que capacitan más adecuadamente a los asistentes para recibir las indicaciones (monológicas) hechas por medio de la docencia institucional.

▶ Cuando en la siguiente tabla se contrapone muy someramente y de forma esquemática una catequesis en monólogo a una en diálogo, se está distorsionando, por supuesto, la percepción del valor de la catequesis oficial y clásica. Evidentemente, también ella existe de una forma auténtica y no solo como en esta imagen distorsionada por la comparación

> ¿Somos aún una Iglesia capaz de inflamar el corazón? ¿Una Iglesia que pueda hacer volver a Jerusalén? ¿De acompañar a casa? En Jerusalén residen nuestras fuentes: Escritura, catequesis, sacramentos, comunidad, la amistad del Señor, María y los Apóstoles... ¿Somos capaces todavía de presentar estas fuentes, de modo que se despierte la fascinación por su belleza?[76]

La iglesia no se puede permitir caer en el fatalismo, como si no hubiera medios contra la todopoderosa secularización y la huida de las iglesias por parte de la generación venidera. EVANGELII GAUDIUM exige que resurja la misión para salir al encuentro del desafío global que la Iglesia católica tiene a día de hoy, salir el encuentro de la ruptura en la transmisión de la fe. Para ello la Iglesia debe **emprender nuevos caminos también en la catequesis.**

MONO VS. DIA

Categorías	Catequesis en monólogo	Catequesis en diálogo
Comunicación	Monólogo	Diálogo
Modo	Aprendizaje en clases	Aprendizaje en conversaciones
Formación	Enseñanza a cargo de especialistas	Autoaprendizaje tutorizado en la comunidad
Medios	La Biblia y el catecismo	La Biblia y el catecismo
Formato	El que sabe enseña al que no sabe	Búsqueda común en igualdad de condiciones de la verdad de la fe
Catequista	Obispo, sacerdote, catequista	Un catequista que se concibe a sí mismo como un discípulo misionero que está acompañando
Se habla a...	la cabeza	la cabeza y el corazón
Método	*Top down* [De lo abstracto a lo concreto]	Se compagina el método *bottom up* [de lo concreto a lo abstracto] con el *top down* [de lo abstracto a lo concreto]
Lo que hay que cambiar	El nivel de conocimientos	La vida entera
Lugar de aprendizaje	La iglesia/la parroquia	La sala de estar, pero también Internet, una comunidad, la escuela
Carácter del encuentro	Clase formal	Enriquecimiento en una atmósfera acogedora
Temas	Toda la fe tal y como está dada en el Credo, en los Sacramentos, en los Mandamientos, en las oraciones de la Iglesia	Toda la fe tal y como está dada en el Credo, en los Sacramentos, en los Mandamientos, en las oraciones de la Iglesia
Proceso	Clase sistemática con empleo de material didáctico	Conversación libre sobre la fe, pero con un procedimiento sistemático en el tratamiento de las cuestiones
Idea rectora	El católico bien informado	El católico integrado como sujeto en el Cuerpo de Cristo: el discípulo misionero
Objetivo	Reconocer lo que significa ser cristiano	Llevar a tomar una decisión sensata por Jesús y su Iglesia
Resultado	La pertenencia tradicional a la Iglesia como consumidor	Tomar la profunda decisión de asumir la responsabilidad misionera

¿Cómo puede la Iglesia
formar a los jóvenes
catequistas para una
anunciación convincente?

Parte

02

El concepto de
formación
MISSIO JOVEN

MISSIO
joven

PÁGINAS 56–69

MISSIO JOVEN

es un **concepto formativo para jóvenes católicos que** deseen asumir la responsabilidad de ser catequistas.

MISSIO JOVEN responde al *motu proprio* ANTIQUUM MINISTERIUM de 2021, donde el papa Francisco estableció el «ministerio laical del catequista» como una institución independiente dentro de la Iglesia. El papa pensaba especialmente en un «auténtico encuentro con las jóvenes generaciones».

MISSIO JOVEN se dirige conscientemente a una nueva generación de jóvenes católicos para proporcionarles los medios con los que **acercar sin complejos el Evangelio a sus contemporáneos**. «El Espíritu llama también hoy a hombres y mujeres para que salgan al encuentro de todos los que esperan conocer la belleza, la bondad y la verdad de la fe cristiana». Con YOUCAT, los jóvenes católicos aprenden a reconocer la belleza y la vitalidad de la fe y a amarla profundamente. Se les capacita para apoyar con éxito en su trabajo diario a los sacerdotes y catequistas oficiales.

MISSIO JOVEN presenta un modelo concreto. Está diseñado de tal manera que puede **personalizarse, enriquecerse creativamente o modificarse** para diferentes contextos pastorales. Las diócesis, las congregaciones religiosas, las comunidades espirituales y las iniciativas laicas también pueden adoptar directamente el concepto y utilizarlo como modelo para formar con mayor facilidad a jóvenes catequistas.

¿Cómo se puede organizar un curso MISSIO JOVEN?

 Lugar Un centro educativo, un monasterio…

 Plazo 18–24 meses
- Seis reuniones de trabajo los fines de semana o varias unidades concentradas en una semana de trabajo en verano.
- Entre las reuniones, hay encuentros digitales a través de ZOOM/Teams, la «hora de consulta teológica»

 Componentes de la formación
- Una mezcla de instrucción espiritual y conferencias sobre teología y catequesis
- Ejercicios prácticos en pequeños grupos
- Antes del inicio y entre las unidades del curso: lecturas obligatorias
- De unidad a unidad: Ejercicios prácticos
- Ya desde la unidad 1: *coaching*

 Objetivos
- Familiaridad con la Palabra de Dios
- La capacidad de dar información en la fe según 1 Pe 3,15
- El «discípulo misionero» como catequista
- Liderazgo en los distintos ámbitos de la catequesis
- Cualificación como ayudante en la catequesis parroquial, grupos de oración e intercambio, grupos de estudio bíblico, cursos de fe en salones, etc.
- Familiarización con medios analógicos y digitales de YOUCAT
- Métodos de comunicación en diálogo de la fe

 Método
- Cada una de las seis reuniones tiene un tema central
- Cada una de las seis unidades contiene los siguientes elementos
  - Taller de oración
  - Taller de fe
  - Taller de vida
  - Taller de misión

▶ En cada una de las seis unidades hay un testimonio de fe de una persona conocida o respetada dentro de la Iglesia.

▶ Hay integrada en el curso una mentoría asumida paralelamente por cristianos católicos con experiencia.

▶ ANEXO YM 1

Herramientas:

▶ Sagrada Escritura (al menos la Biblia Y debe ser leída en su totalidad)

▶ YOUCAT (leído en su totalidad, si es posible también el Catecismo de la Iglesia Católica)

▶ DOCAT (leído en su totalidad)

▶ YOUCAT para niños (debe leerse completo)

▶ YOUCAT Matrimonio (leído en su totalidad)

Personal requerido:

▶ Un líder del equipo de organización

▶ Profesor experimentado de oración y vida espiritual

▶ Sacerdote para la Eucaristía y el Sacramento de la Penitencia

▶ Teólogos para la catequesis

▶ Mentores/guías espirituales para ayudar en el desarrollo personal y espiritual de los participantes en el curso

Certificación:

▶ Un certificado MISSIO JOVEN expedido por la organización

▶ ANEXO YM 4

▶ El certificado se concede tras una entrevista personal al final. Esta, más que un «examen», es un «compromiso».

Plan estandarizado

Puede adaptarse a las circunstancias en cada caso. Se basa en una mezcla equilibrada de instrucción espiritual, enseñanza catequética y ejercicios prácticos. En cada una de las seis unidades no solo se enseña y se intercambian opiniones, sino que también hay culto, alabanza, Eucaristía diaria y la oportunidad de confesarse. El siguiente esquema ha dado buenos resultados en Alemania:

Día 1	hasta las 12:00 h	Llegada
	14:00 h	Primera unidad
	15:30 h	Descanso
	16:00 h	Segunda unidad
	17:30 h	Alabanza / Rosario / Culto
	18:00 h	Santa Misa
	19:00 h	Tercera unidad
	20:30 h	Conversación junto a la chimenea, «silla caliente» (los participantes hacen a un ponente las preguntas que más les inquietan)
Día 2	7:30 h	Santa Misa
	8:15 h	Desayuno
	9:00 h	Cuarta unidad
	10:30 h	Descanso
	11:00 h	Quinta unidad
	12:30 h	Comida
	Desde las 13:30 h	Confesión, tiempo para conversar y asesoramiento, oración silenciosa ante el Santísimo Sacramento, caminata del Rosario, etc.
	15:30 h	Pausa del café
	16:00 h	Sexta unidad: el especial testimonio de fe
	18:00 h	Alabanza, oración voluntaria
	18:30 h	Cena
	20:30 h	Reunión nocturna
Día 3	8:00 h	Desayuno
	9:00 h	Séptima unidad
	10:30 h	Pausa para recoger las habitaciones
	11:00 h	Misa solemne
	12:30 h	Comida final juntos

Seis temas principales que comprenden los principales contenidos de la fe

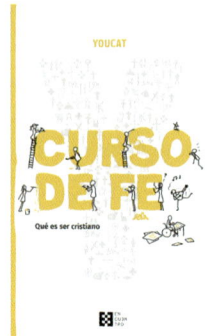

Por ejemplo:

	Preguntas:	Capítulos:
Dios, preguntas sobre Dios, Teodicea	1–6, 30–39, 66	1, 2, 6, 17, 24
Fe y revelación, el hombre ante Dios	7–29, 34, 56–59, 61–64, 280–285, 307	3, 4, 17, 18, 26
Jesús, encarnación, redención	9–10, 39, 60, 71–112, 337–340	5, 7, 25
Dios creador, Dios como Espíritu Santo, la Iglesia	23, 40–50, 113–145, 203–207	1, 8, 10
Los sacramentos (selección de lo esencial)	169, 172–178, 194–202, 208–239	9, 11, 12, 19
Vocación y seguimiento, vida cristiana, doctrina social	34, 248–259, 260–271, 286–298, 321–333, 477	13, 14, 15, 16, 18, 21

¿Qué preparativos necesita una MISSIO JOVEN?

Se debe anunciar y publicitar el curso: Hay para ello una plantilla que se puede personalizar.

▶ **MODELO ANEXO YM 1**

A los solicitantes se les entrega un cuestionario para el *casting*: es muy importante que se examine detenidamente si los solicitantes gozan de buena salud psíquica, cumplen los requisitos intelectuales, son fiables y están suficientemente integrados en la Iglesia.

▶ **ANEXO YM 2**

Hay que encontrar mentores. En el anexo YM 3 se explica qué son los mentores, qué función tienen en el curso y cómo formarlos y apoyarlos.

▶ **ANEXO YM 3**

Pues ya está todo listo para empezar...

DESCARGAS

Todos los anexos MISSIO JOVEN de las páginas siguientes están disponibles en el sitio web de YOUCAT en un cómodo formato DIN A4 para imprimir, personalizar y poder repartir entre los participantes.

 **Anexo YM 1** Convocatoria/folleto MISSIO JOVEN

Curso de catequesis YOUCAT para jóvenes de 18 a 30 años

Los catequistas de MISSIO JOVEN
- sienten pasión por transmitir la fe católica
- saben en qué cree la Iglesia en su conjunto
- se quieren desarrollar personalmente por medio del *coaching*
- conocen la manera de hacer pasar la fe de un corazón a otro

¿Es algo para mí?
- ¿Tienes entre 18 y 30 años y sientes pasión por compartir tu fe católica con los demás y transmitírsela?
- Entonces el curso YOUCAT MISSIO JOVEN es perfecto para ti

¿Qué es lo que se hace allí?
- Profundizarás tu relación con Dios y adquirirás fuertes convicciones de fe que te guiarán durante toda la vida.
- Darás un paso decisivo para acercarte a Jesús.
- Crecerá en ti una nueva forma de ver las cosas y te convertirás en uno de los que defiende lo hermoso que es creer en Dios.
- Aprenderás de experimentados maestros de fe y buenos teólogos que no eludirán ninguna pregunta.
- Estarás con personas que, como tú, son discípulos misioneros a los que les apasiona el Evangelio.
- Descubrirás tus posibilidades y capacidades y se te darán las herramientas que puedes utilizar para transmitir tu fe.
- Recibirás un certificado MISSIO JOVEN que acreditará todo lo que puedes hacer

- Tú mismo podrás dar cursos de fe, implicarte en una comunidad, dar cursos de confirmación, ayudar en la preparación de la primera comunión

¿Qué puedes esperar?
- Chocolate y misticismo...
- Algo para darle a la cabeza y alimento para el alma...
- Reflexiones de altos vuelos al mismo tiempo que hincas tus rodillas en la tierra...

¿Cuánto cuesta?
El curso (seis unidades en un fin de semana) cuesta un total de ... euros. El alojamiento y la comida se pagan aparte. Estos te costarán aproximadamente...

¿Qué tengo que hacer?
- Regístrate en...
- Recibirás un cuestionario pidiendo información sobre cuál es tu motivación.
- Devuelve el cuestionario en un plazo de diez días.
- Te darán luz verde. Entonces recibirás el paquete de libros que necesitarás durante el próximo año y medio.
- Haz las maletas y espera el momento con ilusión

¿Cuándo empieza?
- Especificar las fechas

¿Quién forma parte del equipo?
- Enumerar a los colaboradores

¿Cómo llegar al lugar de celebración?
Encontrarás información más detallada sobre cómo llegar en tren o en coche aquí: http/: direccción de Internet

¡Solicita tu plaza ya!
▶ Adjuntar un formulario preparado de antemano para
   recoger los datos principales
   del solicitante

Por ejemplo:

Solicitud

Por la presente solicito participar en el curso de catequesis
MISSIO JOVEN:

Nombre: Apellidos:
Domicilio: Provincia:
Teléfono: Correo electrónico:

Adjunte a su solicitud un escrito junto a los siguientes
tres documentos:

a) una carta de motivación

b) un breve currículum

c) una recomendación de un párroco o del director espiritual de una comunidad

☐ Tras la aceptación de la solicitud, abonaré por ade-
   lantado el importe del curso por valor de XXX en el
   número de cuenta: IBAN: ...

Los gastos de alojamiento y restauración corren por tu
cuenta y se pagan *in situ*.

Envíe sus documentos a: ...

 ANEXO YM 2   EL *CASTING* DE MISSIO JOVEN (CUESTIONARIO)

El *casting* de MISSIO JOVEN

Repertorio de preguntas para posibles candidatos

▶ ¿Por qué es hermosa tu fe?

▶ ¿Por qué quieres inspirar en otros la fe?

▶ ¿Cómo te comprometes en la actualidad con el Evangelio, con Dios, con la Iglesia?

▶ ¿Has dirigido alguna vez un grupo?

▶ ¿Conoces tus puntos fuertes? ¿Conoces tus puntos débiles?

▶ ¿Has tenido alguna vez algún contratiempo en tu profesión?

▶ ¿Cómo te imaginas a Dios?

▶ ¿Lees las Sagradas Escrituras? ¿Hay algún pasaje de la Biblia que sea especialmente significativo para ti?

▶ ¿Cómo rezas? / ¿Qué oraciones te fortalecen?

▶ ¿A qué Santos te sientes especialmente vinculado?

▶ ¿Qué importancia tiene para ti la Eucaristía?

▶ ¿Te resulta amable la imagen de la Iglesia o te cuesta amarla?

▶ ¿Cómo reaccionas a otras opiniones?

▶ ¿Cómo es tu comportamiento frente a las adicciones/dependencias?

▶ ¿Ha tenido algún problema psicológico o físico grave en los últimos años? ¿Qué haces cuando estás deprimido?

▶ ¿Por qué quieres hacer este curso? ¿Cómo te enteraste del curso?

Por supuesto, el cuestionario también puede adaptarse a las necesidades de cada lugar

ANEXO YM 3 MENTORES PARA MISSIO JOVEN

¿Qué es un «mentor»?

Una persona mayor y experimentada (el mentor) toma bajo su tutela a una persona más joven y menos experimentada (el alumno) y le transmite su experiencia vital y sus conocimientos. La palabra proviene originalmente de la mitología griega: Mentor era el amigo de Odiseo, quien lo veía como el educador y consejero ideal para su hijo Telémaco.

¿Qué papel desempeña el «mentor» en MISSIO JOVEN?

MISSIO JOVEN es un curso de catequesis para jóvenes de 18 a 30 años. El curso se basa en cuatro «talleres»: un taller de oración, un taller de fe, un taller de misión y un taller de vida. Los mentores acompañan a los alumnos en el «taller de vida». Como discípulo misionero con experiencia de vida y de fe, el mentor se presta a poner su amistad al servicio del joven que inicia su camino. Se ofrece como interlocutor, formador, consejero, amigo, compañero, «partero» a la hora de seguir a Cristo. Le ayuda a descubrir sus virtudes y su carisma. Anima e inspira a vivir la llamada del Reino de Dios. El mentor acompaña con la oración diaria al alumno en el camino. La comunidad de mentores simboliza la «nube de testigos» (Heb 12,1) y la *communio* de todos que sostiene la fe de los individuos.

¿Quién puede ofrecerse como mentor?

Cualquier cristiano católico que viva la fe de la Iglesia en unión personal con Jesús, que haya encontrado la felicidad en esta fe y que ya haya recorrido una distancia significativa en ella puede ser mentor en MISSIO JOVEN. La labor del mentor también puede ser ejercida por un matrimonio. Los mentores no tienen que ser teólogos. Pero deben ser discípulos misioneros y «testigos de Cristo»: «glorificad a Cristo el Señor en vuestros corazones, dispuestos siempre para dar explicación a todo el que os pida una razón de vuestra esperanza» (1 Pe 3,15).

CONTINUACIÓN DEL ANEXO YM 3 MENTORES PARA MISSIO JOVEN

¿Cómo me convierto en mentor de un curso MISSIO JOVEN?

Quien se propone como mentor y declara su voluntad de serlo ha de rellenar la tarjeta de mentor (véase a continuación el ejemplo). Al comienzo de un curso MISSIO JOVEN se colocan sobre una mesa tantas tarjetas de mentor como participantes haya en el curso. Se invita a cada participante del curso a elegir un mentor o un par de mentores con los que establecerá contacto y mantendrá el diálogo durante todo el curso (= un año y medio). El mentor debe estar dispuesto a asumir esta tarea y a poner a esa persona (que está bajo su protección) ante el rostro de Dios todos los días.

¿Cómo es el contacto entre mentor y alumno?

Esto puede organizarse libremente y depende de los dos implicados: pueden hablar entre ellos por teléfono, ZOOM, MS-Teams, por correo…, y de todas las formas imaginables. Quizá también pueda darse un encuentro personal, una invitación u organizar un paseo juntos.

¿Hay algún tipo de formación para los mentores de MISSIO JOVEN?

Sí, hay una tarde antes del comienzo del curso en la que todos los mentores se conocen por ZOOM y son informados más en detalle de su labor. En medio y al final del curso habrá más reuniones de ZOOM en las que los mentores podrán hablar de su labor.

MISSIO JOVEN
Mentor

José Martínez Rodríguez
Casado, tres hijos. Técnico de emergencias sanitarias. Aficiones: filosofía, jugar a los bolos

No soy perfecto, pero me encanta ser un cristiano católico
Busco ser amigo de Jesús
Amo la Iglesia, sus Santos, su liturgia, sus tesoros espirituales

Estoy dispuesto a acompañar a alguien como mentor en su camino a una fe más profunda. Me haría ilusión conocerte.

Calle Bavon, 17
28716 Madrid
Josemartinezrodriguez@mgx.es
0151-1577756267

 ANEXO YM 4   EL CERTIFICADO MISSIO JOVEN

Joven
MISSIO
CERTIFICADO

participó con éxito
en la formación para

catequistas MISSIO JOVEN

y adquirió un conocimiento fundamental de las
Sagradas Escrituras, de la doctrina de la Iglesia y
de los métodos para transmitir la fe.

En ese sentido merece la confianza de sacerdotes y
colaboradores pastorales.

Fecha, lugar   Firma
                      Institución

¿Cómo pueden sacerdotes, catequistas y directores espirituales seguir formándose en una catequesis innovadora?

Parte

03

Forma al formador
Un curso de 7 días

Forma
al formador

PÁGINAS 70–97

Forma al formador

es un curso de 7 días para todos aquellos que ya están involucrados en la catequesis y la transmisión de la fe y que desean aprender cómo pueden llegar con el corazón y con la cabeza a una nueva generación de jóvenes cristianos por medio de materiales innovadores para la catequesis y una «catequesis en diálogo», obsequiándoles así con la fe de la Iglesia.

El curso fue desarrollado por el YOUCAT de India, que oficialmente forma parte de la Conferencia Episcopal India, en cooperación con la Fundación YOUCAT.

Breve leyenda de símbolos

 Objetivo

 Regla

 Exposición

 En pleno

 En grupos reducidos

 A diario

Grupo objetivo

- ▶ Catequistas a tiempo completo y voluntarios
- ▶ Formadores de catequesis
- ▶ Directores espirituales
- ▶ Sacerdotes y clérigos

Planteamiento y modo de proceder

- ▶ Te invitamos a un nuevo estilo de catequesis, denominado «catequesis en diálogo».
- ▶ Nos acercamos a los formadores con tanto diálogo como el que ellos más tarde tendrán que emplear con los asistentes a sus catequesis.
- ▶ Nos esforzamos por lograr cuatro cosas:
  - ➡ **Calidez** en la bienvenida (cultura de la acogida)
  - ➡ **Exhaustividad** a la hora de escuchar (escuchar a Dios, escucharnos unos a otros)
  - ➡ **Profundidad** de la comunicación (compartir la fe y la vida en su conjunto)
  - ➡ **Apertura** ante lo que ocurra después (adquirir libertad para decidir y entregarse)

Ventajas de participar en un «Forma al formador»

- **Haces posible** que otras personas amen a Dios, la fe y la Iglesia más profundamente y participen como «discípulos misioneros» en la transmisión de la fe.
- No solo **transmites** conocimientos, sino que también abres una forma nueva y viva de construir una comunidad de fe a través de procesos de aprendizaje compartidos.
- **Dispones** de modernas «herramientas para la misión» con las que puedes trabajar. Serás capaz de construir tus propias herramientas con las que podrás implicar a tus grupos de forma participativa en la transmisión de la fe.
- Al participar en FAF serás **capaz** de llevar a cabo tareas de responsabilidad en el lugar al que Dios te ha destinado.
- **Conoces** los libros y las posibilidades digitales de YOUCAT, pero también puedes trabajar con otros materiales aprobados por la Iglesia

Material del curso

- Trabajamos con las Sagradas Escrituras, YOUCAT (o CCE), DOCAT (= doctrina social de la Iglesia), Biblia Y, YOUCAT para niños, YOUCAT Matrimonio y el manual YOUCAT catequesis en diálogo (siempre que estas publicaciones estén disponibles en tu idioma).
- Todos los anexos de este libro pueden descargarse digitalmente para trabajar con ellos. Se han elaborado con la participación activa de muchos colaboradores.

Lecturas complementarias

- Prólogo del YOUCAT - Papa Benedicto XVI
- YOUCAT «Catequesis en diálogo - un método innovador»
- Otros elementos de formación propios de cada lugar

Duración y plan del día

Forma al formador (FAF) dura siete días
- durante los cuales nos ocupamos de la teoría
- y practicamos con lo aprendido.

Ofrecemos tres opciones de FAF:
- **Modalidad en línea**: Seis viernes por la tarde con un intervalo de dos semanas entre sesión y sesión (por ejemplo, por ZOOM)
- **Modalidad presencial A**: Siete días consecutivos en un monasterio, un centro de formación eclesiástica o un centro parroquial.
- **Modalidad presencial B**: de dos a seis sesiones de dos horas cada una con una pausa de dos semanas entre sesión y sesión (en un monasterio, un centro educativo eclesiástico, un centro parroquial).

Para la **modalidad en línea y la modalidad presencial B** recomendamos realizar las sesiones prácticas todos los días entre las dos semanas en grupos pequeños de cinco jóvenes.

Equipo

- Al menos dos o tres «discípulos misioneros» formados en la catequesis en diálogo.
- Un maestro de oración con carisma que también tenga capacidad de discernimiento.
- Un encargado de la logística y la organización.
- Un sacerdote para el kerigma y para suministrar los sacramentos.
- Jefes de equipo para la alabanza, el culto, la liturgia, la intercesión.

Puntos fijos en el orden del día

Hay Santa Misa todos los días; celebramos la adoración y damos tiempo para la oración personal. También hay oportunidad para el *coaching* y la confesión.

DESCARGAS

Podéis descargar todos los anexos de «Forma al formador» en la página web de YOUCAT en un cómodo formato DIN A4 para imprimir, personalizar y poder repartir entre los participantes.

DÍA 1

Objetivo del día: espacio seguro

Regla: Crea un espacio seguro para los asistentes, un espacio en el que se sientan plenamente aceptados y valorados y puedan hablar libremente.

Elementos del trabajo con los participantes

Los participantes llegan y quedan sorprendidos de la calidez y la hospitalidad con la que se los recibe.

Objetivo interno: entrar en contacto personalmente con cada participante (menos tiempo de protagonismo personal, más tiempo para encuentros personales).

Ronda de presentación: los encargados de dirigir la sesión y los participantes se presentan.

Ponencia: cómo crear un espacio seguro ▶ ANEXO FAF 1

En pleno: espacio seguro

Ponencia: imágenes de Dios para presentar a los participantes las falsas imágenes de Dios y conducirles a una correcta representación de Dios.

Puntos importantes:
▶ Imágenes falsas como por ejemplo abuelo, policía, titiritero...
▶ CV 112 y ss.
▶ YOUCAT preguntas 30-40

Alternativa: en grupos reducidos o como ejercicio práctico

Grupos reducidos: GRUPO DE ESTUDIO sobre las imágenes de Dios ▶ ANEXO FAF 2, 3
▶ Observa cada una de las imágenes. ¿Qué dios te parece que representa? ¿Qué está bien y qué está mal en cada una de las imágenes? ¿Qué imágenes transmite cada uno de los participantes en su trabajo dentro de su comunidad?

Actividad práctica: El perfil de mi grupo objetivo ▶ ANEXO FAF 4

Todos presentan sus resultados en pleno

A diario: Santa Misa, tiempo para la oración personal, *coaching*, confesión, oportunidad de reunirse con el equipo para considerar formas de trabajo en común.

DÍA 2

Objetivo del día: «desaprender» la fe y aprenderla de nuevo

Regla: Emprende el camino que te llevará de estar aislado como catequista a convertirte en un «discípulo misionero» en comunidad. Aprende a redescubrir la fe duradera de la Iglesia en una comunidad que la sepa valorar en su justa medida.

Elementos del trabajo con los participantes

Ponencia: ¿Por qué debes aprender sobre la fe en comunidad y no a solas?

En pleno: Mis retos: Cada uno habla de sus retos y de las dinámicas que observa en los grupos.

En pleno: Concurso para «desaprender». Para entender a los jóvenes actualmente en su contexto social y mediático, es necesario que los encargados de los cursos comprendan la cultura juvenil.

En grupos reducidos: Aprender o desaprender la fe en familia
- ¿Qué les debo a mis padres?
- ¿En qué aspectos tuve que conquistar yo mismo la fe en contra de la forma de pensar de mis padres?
- ¿Con qué personas vivo mi fe? ¿Con quién rezo? ¿Con quién intercambio ideas?

A diario: Santa Misa, tiempo para la oración personal, *coaching*, confesión, oportunidad de reunirse con el equipo para considerar formas de trabajo en común..

Fuentes importantes de inspiración
- Lc 10: «La misión de los discípulos»
- Parte 1, p. 31-35
- Prólogo del YOUCAT
- EVANGELII GAUDIUM 4, 29, 178-1
- CHRISTUS VIVIT 110
- Directorio para la catequesis 21 28, 50

▶ **ANEXO FAF 5**

Propuesta sobre el modo de proceder:
- Copia la tabla (FAF 5).
- Borra el contenido de las columnas 2 y 3.
- Los asistentes deben
  a) hallar el significado de los conceptos
  b) (columna Desaprender) describir el miedo que se oculta detrás de esos conceptos
- Evidentemente se pueden elegir y completar con conceptos locales importantes

DÍA 3

Objetivo del día: el método de la catequesis en diálogo

Regla: ¡Aprende a dirigir una conversación acerca de la fe sin adoctrinar! Escucha. ¡Déjale espacio a Dios! ¡Acompaña a la fe cuando crece en su convencimiento! ¡Ayuda a engendrar algo en los jóvenes que se llegan a identificar plenamente con Jesús y con la Iglesia!

Elementos del trabajo con los participantes

Ponencia: ¿Cómo llegar a un diálogo eficaz en la catequesis?

Véase Parte 1, S. 38, 47–49, 55

Puntos clave:

- Presto atención a los signos de comunicación no verbal.
- Reconozco los signos de la buena y la mala comunicación.
- No abrumo a la otra persona con mis conocimientos.
- Sé que el diálogo consiste en dar y recibir.
- La otra persona se siente aceptada; puede desarrollarse libremente y adquirir sus propias convicciones firmes para llegar a ser verdaderamente «beneficiado» y no ser simple transmisor de conocimientos de prestado.

En grupos reducidos

Lee para ti el texto ¡Conoce!, ¡Reúnete!, ¡Compártelo!, y ¡Exprésalo! y reflexiona sobre él con tranquilidad y pensando en tus chicos:

Véase Parte 1, S. 43–44

- Qué puede significar para ellos «conoce»?
- ¿Cómo se concreta ese «reúnete»?
- ¿Cómo cambiaría tu grupo si se diera ese «compártelo»?
- ¿Qué consecuencias creativas podría tener ese «exprésalo»?

Se discute en pleno (o en grupos reducidos).

Continuación Día 3

O como alternativa:

Actividad práctica: juego de roles — ¿Cómo modero un GRUPO DE ESTUDIO?

Lee «Cómo organizar un GRUPO DE ESTUDIO».

▶ ANEXO FAF 6

▸ Echa un vistazo al material adicional de YOUCAT (página web de YOUCAT).

▸ Hazte con una de las guías de estudio.

▸ Haz un juego de roles: tú eres el organizador y eliges a cuatro personas para que se metan en un papel.
  ➡ El ultra piadoso
  ➡ El aburrido que juega con su *smartphone*
  ➡ El escéptico
  ➡ El cristiano liberal que se muestra comprensivo con cualquier cosa

▸ El pleno te dará la opinión sobre la actividad.

Actividad individual: examen de conciencia

Los participantes responden según su experiencia personal:

▶ ¿En qué momento he estado «en diálogo» a la hora de transmitir mi fe?

▶ ¿En qué momento he sentido que no llegaba al corazón de los asistentes?

▶ ¿En qué momento se han quedado callados?

▶ ¿Qué puedo hacer para ser más motivador y convincente para los demás?

▶ ¿Ha habido alguna situación en mi vida en la que Dios me haya hablado a través de otra persona?

A diario: Santa Misa, tiempo para la oración personal, *coaching*, confesión, oportunidad de reunirse con el equipo para considerar formas de trabajo en común

Jesús en el centro

El catequista en diálogo se asegura de que el centro de atención no es él, sino Jesús. Espera que entre en cualquier momento, le invita a pasar, piensa para sus adentros: si Jesús no es el centro de atención aquí, ¡esto no merece la pena!

El encargado de un GRUPO DE ESTUDIO como base

En baloncesto existe la **posición de base**. Es el primero en tener el balón y en driblar al equipo contrario. Sin embargo, su principal tarea no es anotar él mismo una canasta, sino dirigir a su equipo para que todos juntos puedan ganar. **Su trabajo consiste en pasar el balón**: lo pasa para que otros puedan encestar.

Los malos encargados de GRUPOS DE ESTUDIO son como los malos bases: piensan que tienen que estar con el balón todo el tiempo y que solo ellos pueden encestar la canasta. Solo ellos poseen toda la verdad; solo ellos pueden explicar lo que está bien y lo que está mal. Pero se supone que Dios debería jugar también: la pelota del Espíritu Santo debe pasar de uno a otro. A menudo algo se revela en el esfuerzo común por la verdad. Dios habla a menudo a través de lo pequeño, de lo aparentemente insignificante, de lo sencillo. Entonces surge un «momento-Espíritu Santo». Todo el mundo lo sabe: una verdad de Dios nos está tocando en ese mismo instante. Jesús habla; nuestros corazones se transforman.

A veces, el catequista no es solo el base, sino también el que encesta. Da testimonio. Corrige. Dice lo que cree la comunidad de la Iglesia. El papa Francisco llama a ese juego «sinodalidad». Todos deben poder verbalizar su propia vida al escuchar la palabra de Dios y la fe de la Iglesia.

DÍA 4

Objetivo del día: El principio de participación

Regla: Transfórmate en la *communio* que estás ofreciendo. Estás ahí para el «empoderamiento», la participación y la capacitación de las personas de tu grupo, para que lleguen a saber cuál es su vocación. Tú eres el que abres el cofre del tesoro de la Iglesia, guías a la gente hasta los Sacramentos y hasta la Palabra de Dios.

Elementos del trabajo con los participantes

Ponencia: El principio de participación

Actividad práctica: Juego «La casa de la fe»

En grupos reducidos: Presenta cómo es tu trabajo con los jóvenes... y muestra cómo haces que los jóvenes participen.

Debate final: Los participantes cuentan sus experiencias de aprendizaje. Pregunta clave: ¿Qué es entonces lo más importante?

A diario: Santa Misa, tiempo para la oración personal, *coaching*, confesión, oportunidad de reunirse con el equipo para considerar formas de trabajo en común.

▶ VÉASE PARTE 1, S. 50

▶ ANEXO FAF 7

▶ ANEXO FAF 8

Fuentes importantes de inspiración
➡ CHRISTUS VIVIT 7
➡ EVANGELII GAUDIUM 120
➡ Cardenal Schönborn: «si se hace algo para la gente joven, se tiene que hacer con la gente joven».
➡ Papa Francisco: «¿sabéis cuál es el mejor método para evangelizar a la juventud? Un joven. No temáis ir allí y llevar a Cristo a aquellos que parecen estar más alejados y ser más indiferentes a Él».
➡ La historia de YOUCAT y cómo se llegó a la idea de que gente joven fuera integrada en el proyecto (Parte 1, p. 39).

DÍA 5

Objetivo del día: Herramientas y programas

Regla: Conoce las herramientas y programas analógicos y digitales con los que puedes trabajar. Aprende a acercarte a la gente de diversas formas..

Elementos del trabajo con los participantes

Ponencia: Los libros y herramientas digitales de YOUCAT... y lo que los participantes pueden hacer con ellos

VÉASE PARTE 1, P. 46- PRÓLOGO YOUCAT

En grupos reducidos:
- ¿Cuál es la función de YOUCAT?
- ¿Cuál es la función de DOCAT?
- ¿Cuál es la función de la Biblia Y?

PRÓLOGO DOCAT

PRÓLOGO BIBLIA

Debate en pleno

Ponencia: Catequesis con niños

Actividad práctica: La catequesis de los muñequitos.

PRÓLOGO E INTRODUCCIÓN DE YOUCAT PARA NIÑOS

- Se reparten hojas con ilustraciones de muñequitos entre un pequeño grupo.
- Se pide a los asistentes que digan qué pueden reconocer los niños en estas ilustraciones.

ANEXO FAF 9

- Los participantes deben poder reconocer cuándo los niños por sí mismos les están dando la oportunidad de hablar de fe y de catequesis.
- Pregunta clave: ¿Por qué es importante que los niños den el primer paso?

A diario: Santa Misa, tiempo para la oración personal, *coaching*, confesión, oportunidad de reunirse con el equipo para considerar formas de trabajo en común

DÍA 6

Objetivo del día: Tu propio programa

Regla: Reconfigura con ejemplos concretos el trabajo con tu comunidad eclesiástica. Asegúrate de que estás ofreciendo estos cuatro elementos: un taller de oración, un taller de fe, un taller de vida y un taller de misión.

Elementos del trabajo con los participantes

Ponencia: Los cuatro talleres de la fe

▶ VÉASE PARTE 1, S. 52–

Ejercicio individual: Elabora un plan de tu propio programa en casa (frecuencia, duración, temas, herramientas, programas, equipo con los jóvenes).

En pleno: Cada uno presenta su programa y los demás hacen comentarios.

Ponencia: ¿Y si nada sale bien? El principio Tándem.

▶ ANEXO FAF 10

Ejercicio práctico por la tarde: cocinamos juntos. ¡Nos damos un festín y a celebrarlo!

A diario: Santa Misa, tiempo para la oración personal, *coaching*, confesión, oportunidad de reunirse con el equipo para considerar formas de trabajo en común.

DÍA 7

Objetivo del día: El camino hacia un proyecto Faro

Regla: Aprender a elaborar con otros una obra que rebose amistad, en la que muchos participen, cada cual con sus respectivas virtudes. Son comunidades de fe que se reúnen para aprender en torno al altar.

Elementos del trabajo con los participantes

Ponencia: El camino hacia un proyecto Faro

Actividad individual: Si se te aparece el arcángel Miguel...

▸ Ve a rezar durante veinte minutos.

▸ El arcángel Miguel te dice: ¿tienes alguna propuesta para un proyecto Faro de catequesis en tu país? Si es así, el arcángel Miguel hará desaparecer todos los obstáculos.

▸ Paso 1: Expresa ese sueño en una frase y escríbela en un papel.

▸ Paso 2: ¿Qué tendrías que conseguir en 20, 10, cinco años, un año para que tu sueño se hiciera realidad?

▸ Paso 3: ¿Con qué empezarías la próxima semana?

Inspiración
Desarrollamos un proyecto de futuro. ¿Cómo se puede conseguir a medio o largo plazo un lugar en el que se pongan a prueba las herramientas y los programas para el futuro, un lugar al que pueda ir gente para pediros ayuda sobre cómo avanzar en la catequesis en diálogo?

Fin del taller en pleno:

▸ ¿Qué te llevas de este FAF? ¿Cuál es tu proyecto de futuro?

Misa solemne con discurso final

ANEXO FAF 1

Diez puntos para crear un «espacio seguro»

1. Crea un espacio en el que no haya separación por motivos de dinero, sexo, idioma, condición social o nivel de fe. Tendrás éxito si te acercas a los participantes como lo hizo Jesús (o incluso mejor todavía: con Jesús).

2. El primer mandamiento para el «espacio seguro» es la discreción absoluta. Lo que se habla se queda entre esas cuatro paredes. Esto es aplicable también no solo a los asuntos espirituales, sino a todos los ámbitos de la vida. Cuando se comparten secretos (secretos como el aborto, la homosexualidad, la ruptura familiar, etc.), no juzgamos y no los difundimos. Los chismes son un veneno para cualquier comunidad.

3. Crear un espacio en el que también tengan cabida las expectativas no expresadas de un joven; por ejemplo, la necesidad de amigos, la necesidad de ayuda para encontrar trabajo, etc.

4. Ten en cuenta que solo en un «espacio seguro» puede engendrarse algo duradero y grande: por ejemplo, que alguien se vuelva más maduro, que alguien se encuentre con Jesús y confíe cada vez más en Él.

5. Asegúrate de que se crea un espacio en el que el joven pueda hablar y en el que no se sienta un rechazo no verbal. Hacerle el vacío a alguien que ha dado una respuesta equivocada o pasar de él sin decir nada puede herirlo profundamente.

6. Asegúrate de que no se formen «grupitos», es decir, grupos cerrados. En cada GRUPO DE ESTUDIO verás caras nuevas y antiguas. Los encargados del curso deben asegurarse de que todos estén abiertos a todos. En un grupo de este tipo nadie deberá sentirse excluido.

7. Las cosas que surjan en común durante una sesión del GRUPO DE ESTUDIO pueden tener continuidad a lo largo de la semana a través de los canales digitales. (En la India se ha desarrollado un módulo de asistencia digital para enseñar a los jóvenes a reunirse en Whatsapp y las redes sociales sin volverse adictos a ellas).

8. Recuerda que debes garantizar la atención pastoral. La experiencia ha demostrado que, cuando se combina el trabajo con la Biblia y el catecismo, se producen cambios y hasta milagros. Hay arrebatos espirituales, se abren heridas emocionales; las cosas adquieren un tono existencial. Se necesita a una persona que asimismo ofrezca atención pastoral a los encargados de las sesiones. Y es que incluso los propios encargados de las sesiones tienen sus debilidades. Un grupo YOUCAT es como una familia. El vínculo y el amor son intensos, pero también lo son los conflictos. La vulnerabilidad del encargado de la sesión animará de todos modos a que los jóvenes busquen ellos mismos ayuda en la comunidad.

9. Un espacio seguro permite al joven ser cocreador con Dios, facilita que ese joven asuma tareas en beneficio del grupo.

10. El «espacio seguro» de Dios es la oración. Pide personas de tu confianza (tal vez un convento de monjes o monjas contemplativos) que te tenga en sus oraciones e invoque al Espíritu Santo en tu favor.

 En YOUCAT India tenemos dos sacerdotes a los que pueden acudir los jóvenes para resolver sus conflictos. Hasta ahora he recibido más o menos cinco quejas sobre mí de jóvenes procedentes de programas YOUCAT y he empleado 60 horas de para asesorarme y mejorar en mí esos aspectos. No tiene nada de malo ir a asesorarse y dejarse ayudar.

Maria Francis, India

Anexo FAF 2

Imágenes de Dios

Fuente: YOUCAT para niños

 ANEXO FAF 3

Imágenes de Jesús

 Anexo FAF 4

El perfil de mi grupo objetivo

Rellena este **cuestionario**:

▶ Haz un ejercicio de imaginación:
Imagina cómo son algunos de los participantes
durante cinco minutos.

▶ ¿Qué apariencia exterior tienen?
¿Cuál es su actitud hacia ti?
¿Hasta qué punto están ya unidos a Dios?

▶ ¿Con qué problemas individuales crees que viene
esta gente al curso?
¿Qué les hace sufrir?
¿Con qué sueñan?

▶ ¿Qué ocurrirá si no encuentran una comunidad, si no
reciben ayuda para resolver sus problemas?
¿Cómo evolucionarán si no dejan que Dios toque sus
corazones?

▶ ¿Qué debo incluir en mi programa para hacerme cargo
de su situación concreta y mostrarles el camino hacia
la vida?

Anexo FAF 5

Conceptos de la cultura juvenil

Concepto	Significado	Desaprender
FOMO	**Fear Of Missing Out (miedo a perderse algo)**	El miedo a perderse algo, al sentimiento de no pertenencia, a quedar aislado. A no ser un ser humano completo. A no poder realizarse uno mismo.
Gentrificación	En las ciudades las zonas de viviendas son compradas por inversores y se les arrebatan a los pobres	El miedo a perder los orígenes y el sustento vital. A quedar expuesto a una violencia anónima.
Sexting	Describe el hábito de enviar y recibir mensajes o grabaciones pornográficas («pics», «desnudos») que ha producido uno mismo	El miedo a perderse la aventura de la sexualidad. Para los hombres: sentirse dominantes y fuertes. Para las mujeres: ser vistas, queridas y aceptadas.
Castidad emocional	La virtud de buscar un amor verdadero y no dejarse embaucar por ficciones peliculeras	El miedo a enfrentarse a la realidad, a sucumbir a la banalidad, a no convertirse en una «reina»
Love Bombing [bombardeo amoroso]	Cuando alguien fuerza a que otra persona lo ame; a menudo esto oculta detrás un afán de posesión	Por un lado, el miedo a ser rechazado cuando alguien no cede a tus insinuaciones; por otra parte, el miedo a no poder alcanzar el objetivo de tus deseos de ninguna otra manera
Relaciones tóxicas	Relaciones en las que el amor está «instrumentalizado»	Por un lado, el miedo a ya no ser amado, si no se traga el veneno; por otro lado, el miedo a solo poder asegurar el amor con violencia y con artimañas
YOLO	You Only Live Once [Solo se vive una vez]	El miedo a ser un aguafiestas, a no divertirse cuando se actúa de manera normal, como un adulto y de forma sensata… a perder algo si no se ignoran los peligros o las reservas morales
Body Shaming [humillación corporal]	La discriminación de una persona debido a su cuerpo	El miedo a perder influencia sobre los demás.
Sex Drive [impulsividad sexual]	Dejarse llevar por impulsos sexuales	El miedo a estar a merced de los impulsos sexuales
Binge Watching [atiborrarse a mirar]	Un consumo irreflexivo de los medios de comunicación y que frecuentemente se extiende durante todo el día	El miedo a estar solo y a tenerse que enfrentar a los problemas
Sus [Abreviatura de «suspicious», suspicaz en inglés]	Alguien despierta suspicacias y sospechas en otro	El miedo ante cosas, situaciones, personas que no se adecúan a la nueva realidad vital
Pick me [Escógeme]	Un comportamiento que se orienta completamente a las personas del otro sexo	El miedo a no ser visto, a no ser amado por el otro sexo
Body Count [Llevar la cuenta de los cuerpos]	El número de relaciones sexuales que se han tenido hasta el momento	El miedo a dar la apariencia de no tener éxito en el sexo

ANEXO FAF 6

¡Organiza un GRUPO DE ESTUDIO!

¿Qué es un GRUPO DE ESTUDIO?

Un GRUPO DE ESTUDIO es un curso de fe con YOUCAT. Invitas a los amigos que quieran unirse a ti en este atrevido viaje hacia la fe. Os reunís en casa. Hay plantillas muy fáciles de usar. Entrais en conversaciones profundas. Puedes dar testimonio de tu experiencia personal. Entonces os convertiréis en una apasionante comunidad reunida en torno a Jesús.

¿Quién puede participar en un GRUPO DE ESTUDIO?

Todos aquellos que estén interesados en profundizar en su fe.

¿Con qué plantilla puede trabajar?

Este es el aspecto que tiene una plantilla:

Consta de los siguientes elementos:
- Un tema, una pregunta...
- Una oración...
- Una cita de las Escrituras...
- Una pregunta YOUCAT...
- Preguntas para estimular el diálogo sobre la fe
- Un «desafío»

¿Dónde puedo encontrar plantillas ya preparadas para utilizar en una reunión de un GRUPO DE ESTUDIO?

Aquí encontrarás plantillas en los siguientes idiomas: inglés, francés, portugués, español, polaco, alemán.

¿Puedo diseñar yo mismo las plantillas de los GRUPOS DE ESTUDIO?

Por supuesto, es muy sencillo. Eliges una pregunta YOUCAT y te orientas según el esquema.

¿Cuáles son los requisitos para estar a cargo de un GRUPO DE ESTUDIO?

LO QUE HAY QUE TENER
- Eres un «discípulo misionero».
- Llevas en tu corazón la intención de compartir tu fe con los demás.
- Te has puesto de parte de Jesús y amas a Su Iglesia.
- Tu conocimiento está «vivo»: puedes dar testimonio de tu fe, de tu experiencia con Jesús.
- Eres un «catequista en diálogo», es decir, alguien que escucha, que comparte su fe y capaz de llevar de la mano a otros hacia Dios.

ESTO SÍ QUE NO
- Eres un sabelotodo y te gusta sermonear a los demás.
- Detestas la conversación y haces oídos sordos cuando te hablan.
- Te has distanciado de la Iglesia.
- Vives a tu modo, sin importarte los mandamientos de la Iglesia.

Anexo FAF 6

¡Organiza un GRUPO DE ESTUDIO!

¿Qué es un GRUPO DE ESTUDIO?

Un GRUPO DE ESTUDIO es un curso de fe con YOUCAT. Invitas a los amigos que quieran unirse a ti en este atrevido viaje hacia la fe. Os reunís en casa. Hay plantillas muy fáciles de usar. Entrais en conversaciones profundas. Puedes dar testimonio de tu experiencia personal. Entonces os convertiréis en una apasionante comunidad reunida en torno a Jesús.

¿Quién puede participar en un GRUPO DE ESTUDIO?

Todos aquellos que estén interesados en profundizar en su fe.

¿Con qué plantilla puede trabajar?

Este es el aspecto que tiene una plantilla:

Consta de los siguientes elementos:
- Un tema, una pregunta...
- Una oración...
- Una cita de las Escrituras...
- Una pregunta YOUCAT...
- Preguntas para estimular el diálogo sobre la fe
- Un «desafío»

¿Dónde puedo encontrar plantillas ya preparadas para utilizar en una reunión de un GRUPO DE ESTUDIO?

Aquí encontrarás plantillas en los siguientes idiomas: inglés, francés, portugués, español, polaco, alemán.

¿Puedo diseñar yo mismo las plantillas de los GRUPOS DE ESTUDIO?

Por supuesto, es muy sencillo. Eliges una pregunta YOUCAT y te orientas según el esquema.

¿Cuáles son los requisitos para estar a cargo de un GRUPO DE ESTUDIO?

LO QUE HAY QUE TENER
- Eres un «discípulo misionero».
- Llevas en tu corazón la intención de compartir tu fe con los demás.
- Te has puesto de parte de Jesús y amas a Su Iglesia.
- Tu conocimiento está «vivo»: puedes dar testimonio de tu fe, de tu experiencia con Jesús.
- Eres un «catequista en diálogo», es decir, alguien que escucha, que comparte su fe y capaz de llevar de la mano a otros hacia Dios.

ESTO SÍ QUE NO
- Eres un sabelotodo y te gusta sermonear a los demás.
- Detestas la conversación y haces oídos sordos cuando te hablan.
- Te has distanciado de la Iglesia.
- Vives a tu modo, sin importarte los mandamientos de la Iglesia.

ANEXO FAF 7

El secreto de la participación

El secreto de cómo cristianos apáticos pasan a ser ardientes seguidores de Cristo y discípulos misioneros reside en la **participación**. La palabra latina (*participatio*) significa: el tomar parte de algo, el ser partícipe.

¿Cómo puede trabajar un catequista para que los oyentes no implicados se conviertan en cristianos activos y misioneros? Debe trabajar con tres conceptos:

MOTIVACIÓN	DISCERNIMIENTO	VOCACIÓN
Encarga a los asistentes que hagan algo… Sacarlos de la mentalidad de meros consumidores pasivos… Ponles tareas… Refuérzalos… Explicarles que la Iglesia no es una institución destinada a tutelar… Diles que ellos mismos «son» Iglesia…	Cuando ya hayas inspirado motivación en los asistentes, intenta reconocer los puntos fuertes y débiles de cada cual… Ponte a su servicio con tu discernimiento… Enséñales a identificar su carisma… Ponlos a trabajar justamente en lo adecuado… Todos en el grupo tienen algo que Dios les ha dado para beneficio de todos…	Date cuenta de lo sorprendente que es ver que una aburrida iglesia de expertos se transforme en una iglesia beneficiosa en la que florecen muchas vocaciones…

▼ Anexo FAF 8

«La casa de la fe»
Un juego en grupo

Objetivo

▶ Familiarizarse con las prácticas fundamentales de la Iglesia:

➡ MARTYRIA= la doctrina, el testimonio
➡ DIAKONIA= el auxilio a los pobres
➡ KOINONIA= la comunidad de fe
➡ LEITURGIA= la exaltación de Dios, la misa, la oración

▶ Comprender mejor todo lo beneficioso que supone la Iglesia

▶ Practicar a la hora de hablar de la fe

Enfoque metodológico

▶ La Iglesia está representada como una casa en la que nos adentramos para habitarla y sentirnos a gusto en ella.
▶ En esa casa vive Dios; estamos invitados a pasar.
▶ Hay cuatro accesos diferentes que están relacionados con las preferencias individuales de cada cual: a estos les interesa más la doctrina de la Iglesia, a aquellos les encanta la misa, a los de más allá les interesa sobre todo auxiliar a los pobres.
▶ Todos son en parte conscientes de cómo la Iglesia puede ser beneficiosa, pero también a todos les falta algo.

Papeles

▶ Cuatro organizadores (catequistas) que sepan lo que es MARTYRIA, DIAKONIA, KOINONIA, LEITURGIA
▶ El resto de los jugadores (8, 12, 16, 20 o más)

Continuación del anexo FAF 8

Preparación

Se marcan cinco zonas. Una grande, que es la antesala (en la que deben poder caber todos los jugadores), y cuatro más pequeñas (en la que debe poder caber una cuarta parte de los jugadores). Marca las divisiones con tiza en el asfalto o con un palo en la arena o con cinta adhesiva en una habitación. Pon cuidado en que las zonas sean lo suficientemente grandes.

Tiempo necesario

Es un juego al que se le puede dedicar fácilmente medio día y como mínimo una tarde

Desarrollo del juego

Al principio, todo el mundo se sitúa fuera de las zonas marcadas.

Organizadores del juego: Este es un juego en el que podéis descubrir lo que se necesita para pertenecer a Cristo. Es como entrar en una casa. Entrad en la zona grande. Este es, por así decirlo, el recibidor.

¡Sentaos en el suelo! Ahora escuchad los versos de una canción de hace 3000 años:

> «Como busca la cierva corrientes de agua,
> así mi alma te busca a ti, Dios mío;
> mi alma tiene sed de Dios,
> del Dios vivo:
> ¿cuándo entraré a ver el rostro de Dios?»

Silencio

Continuación del anexo FAF 8

Organizador del juego: Ahora habla un momento con el de al lado. La cuestión es: ¿por qué quieres entrar en la casa de Dios?

Organizador del juego: Ahora imaginaos: La casa tiene cuatro habitaciones. Vamos a dividirnos entre las cuatro habitaciones. Pero antes tengo que explicaros algo:

▶ La **sala 1** se llama MARTYRIA. Es para gente inteligente que se interesa por la doctrina de la Iglesia; para aquellos a los que les gusta defender la fe y a los que les encanta convencer a los demás de la Palabra de Dios. Esto es algo importante: un cristiano que no conoce su fe no puede defenderla ni promoverla. Por eso, tampoco pondrá la mano en el fuego por ella.

▶ La **sala 2** se llama DIACONÍA. Es para gente que se conmueve con el amor de Cristo a los pobres. Un cristiano que no encuentra a Cristo en la necesidad, la pobreza y la debilidad de su prójimo no lo encontrará en el pan de la Eucaristía.

▶ La **sala 3** se llama LEITURGIA. Es para gente que ama los servicios religiosos y la Santa Misa, para aquellos a los que les gusta hacer loas o buscar a Dios en la oración. Un cristiano que no reza es como un pez fuera del agua.

▶ La **sala 4** se llama KOINONIA. Es para gente que busca en la Iglesia la comunión con Dios y con los demás y que también quiere proporcionarles protección y acogida. Un cristiano que solo busca la salvación para sí mismo y no vive de y para los demás no es un verdadero cristiano.

¿Habéis descubierto ya cuál es vuestra preferencia personal?

Pese a todo, no los dividiremos según sus preferencias, sino simplemente al azar. Entrad en uno de los recuadros de tal forma que haya el mismo número de jugadores en cada uno de ellos.

▶ El catequista de MARTYRIA tiene ahora diez minutos para persuadir a los de su grupo de que MARTYRIA es lo más importante de la Iglesia. Pertrecha a los de su grupo con pasajes de la Biblia, citas del santoral, etc. Lo mismo ocurre en los demás grupos

Continuación del anexo FAF 8

▸ El grupo dispone de 15 minutos para desarrollar estrategias de argumentación con las que convencer a los demás grupos.
▸ Cada grupo nombra a tres portavoces para hacerse con todos los demás para su grupo: **«Venid con nosotros… lo de aquí es lo más importante de todo…** y os vamos a dar los argumentos más poderosos que existen para justificarlo».
▸ Pero los otros tres grupos también tienen su oportunidad: **«Acercaos a nosotros… lo de aquí es lo más importante…** y os vamos a dar los argumentos más poderosos que existen para justificarlo».

Finalización

Al final, el **organizador del juego dice: Ahora decidid dónde está vuestro sitio.**
▸ Quizás muchos jugadores vayan a la casilla de la KOINONIA… que está llena hasta arriba… y en la casilla de la LEITURGIA no hay nadie. O todo el mundo se abalance hacia la MARTYRIA y casi nadie se interese por la DIAKONIA…

El organizador del juego da ahora una enorme lección de catequesis:
▸ Hay muchos cristianos que están encasillados:
▸ Algunos solo quieren hablar de teorías.
▸ A algunos sólo les interesa socializar.
▸ Otros solo quieren divertirse.
▸ Otros solo quieren ser piadosos y no les interesa nada más.
▸ Pero ser católico significa «abarcarlo todo»… entrar en todas las habitaciones de la casa, explorarlas una a una, descubrir su belleza, habitar en ellas…
▸ **… y en todas reconocer a Cristo**.
▸ Cada cual puede tener sus propias puertas de entrada a la casa de Dios, sus querencias, sus preferencias.
▸ No hay que ser perfecto en todas las disciplinas.
▸ Es magnífico que seamos diferentes. Tenemos que complementarnos y apoyarnos mutuamente.
▸ PERO BAJO NINGÚN CONCEPTO: ¡despreciar el resto de las puertas de entrada!

▼ ANEXO FAF 9

Catequesis de los muñequitos

Dios, Padre misericordioso, que reconcilió consigo al mundo por la muerte y la resurrección de su Hijo y derramó el Espíritu Santo para la remisión de los pecados, te conceda, por el ministerio de la Iglesia, el perdón y la paz. Y yo te absuelvo de tus pecados en el nombre del Padre y del Hijo y del Espíritu Santo

Anexo FAF 10

El principio Tándem

El principio Tándem es uno de los principios más importantes para construir el discipulado. Los discípulos son llamados por Jesús y enviados por Él. Es algo característico que Jesús llame a los discípulos **uno por uno**, pero que los envíe **por parejas**.

«Después de estas cosas, designó el Señor también a otros setenta, a quienes envió de dos en dos delante de él a toda ciudad y lugar adonde él había de ir».

La segunda mitad de Lucas 10,1 también tiene un significado especial: «...a toda ciudad y lugar adonde él había de ir». Esto significa:

▶ La misión es la **preparación** para lo que Jesús mismo quiere hacer y para lo que solo Él puede hacer. Eso es lo primero que nos quita un peso de encima.

▶ El segundo alivio es: desde el principio, Jesús rompe con la difícil situación de **estar solo** en la misión. La convierte en una tarea de compañeros, una tarea para realizar entre amigos. La misión es, por tanto, una tarea conjunta, una labor en tándem.

▶ Dos significa al **menos dos**.

▶ El «otro» puede ser tu mejor amigo/tu mejor amiga, por ejemplo; pero también puede ser una persona de la que solo sé que está inspirada por el mismo ideal que yo, por el mismo sueño: llevar a la gente hacia Dios.

▶ Uno de ellos toma la iniciativa: «¿No te parece que deberíamos trabajar juntos...? Lo único es que me falta la fuerza, me faltan las ideas, me falta el tiempo».

▶ Si habéis decidido hacer en parejas o entre tres algo hermoso para Dios y para el resto de la gente, poneos a rezar primero para obtener la certeza de que al Señor le gusta lo que habéis planeado y de que se os concederán las fuerzas y las habilidades necesarias para ello.

Lo que puedes hacer como misionero en tándem:

▶ **Dos** personas leen juntas los Hechos de los Apóstoles y se dejan inspirar por las Sagradas Escrituras y por el Espíritu de Dios sobre lo que podrían hacer para dar testimonio de su fe.

▶ **Dos** personas inician juntas un grupo de oración para revitalizar a su parroquia y a su comunidad.

▶ **Dos** invitan a jóvenes a viajar con ellos a un evento religioso.

▶ **Dos** organizan una «Nightfever» (nightfever.org) u otra forma de culto.

▶ **Dos** organizan un GRUPO DE ESTUDIO YOUCAT o un curso Alfa.

▶ **Dos** organizan con amigos un «campamento de la fe» (50% vacaciones/50% formación bíblica y catequesis).

▶ **Dos** graban un videoclip de contenido cristiano.

▶ **Dos ...**

En tándem hay infinitas oportunidades de hacer algo por Dios y por la gente. Lo importante es que la «misión» tenga lugar en comunidad y conduzca a una renovación de la comunidad.

Una historia que se cuenta de santa Teresa y san Juan de la Cruz da prueba de **lo que se puede hacer por el reino de Dios cuando se está en comunidad**. Después de su conversión en 1554, una ya no tan joven santa Teresa estaba enferma pero todavía llena de entusiasmo por hacer cosas. Su compañero espiritual, san Juan de la Cruz (más joven que ella), quedó profunda-

mente impresionado por su increíble ímpetu y le dijo: «Teresa, recuerda que estás sola». Teresa repuso: «¡Si vienes conmigo, ya seremos dos!».

La historia de la Iglesia conoce abundantes ejemplos en los que algo empezó como resultado de una relación entre dos personas, por ejemplo, san Benito de Nursia y su hermana santa Escolástica, san Francisco y santa Clara de Asís o san Francisco de Sales y santa Juana de Chantal. Es de san Felipe Neri ese dicho tan impactante que ha llegado hasta nosotros: «Bastarían diez personas verdaderamente separadas de las cosas terrenas, para convertir a todo el mundo».

Explicación de conceptos importantes

Filtros antropológicos
Si solo filtras del Evangelio lo que a los humanos nos gusta o no nos molesta, estás aplicando filtros antropológicos. *Anthropos* (ser humano) y *logos* (doctrina, ciencia) son dos términos griegos.

Communio
Proviene del latín y significa: comunidad. Fue una de las palabras más importantes en el Concilio Vaticano II. Allí se descubrió lo importante que es para la Iglesia el aspecto de la comunión con Dios y con los hombres. La Iglesia es instrumento y símbolo de salvación para todos los hombres.

Conditio sine qua non
Una «conditio sine qua non» es una condición necesaria, un requisito previo indispensable.

Didaché
Este concepto deriva de un antiguo escrito cristiano del mismo nombre. Este concepto también es sinónimo de «enseñanza de los doce apóstoles» y, en general, se refiere simplemente a la doctrina de la Iglesia.

Docibilitas
La capacidad de aprender, de estar dispuesto a que alguien te enseñe algo.

Eclecticismo
(Del griego *eklektós* = seleccionado, escogido) Se refiere a un proceder que selecciona al azar elementos de sistemas autónomos y los coloca en nuevos contextos en los que no encajan. Por ejemplo: alguien incorpora el concepto oriental de la transmigración de las almas a la fe de la Iglesia.

Acto primigenio generador de la Iglesia
«Generador» proviene del griego (*gígnesthai*) y significa: que hace nacer, que engendra. Aquí significa que la catequesis está en el origen de todos los procesos eclesiales, que transforma a las personas y crea la comunidad eclesiástica.

Hermenéutica
Teoría de la comprensión; describe el arte de interpretar textos basándose en principios determinados.

Kerigma
Proviene del griego y significa «mensaje». Se refiere a la proclamación del Evangelio, en particular, de la buena nueva de la crucifixión y la resurrección de Jesucristo. En lo esencial, el kerigma es el conocimiento de Jesús. En la Iglesia primitiva era un requisito previo para ser admitido en el bautismo.

Martyria
Proviene del griego y significa «testimonio». El término se refiere ante todo a la proclamación y difusión del Evangelio y es una de las cuatro características básicas de la Iglesia, junto con koinonia (comunidad), leiturgia (oración) y diakonia (socorro de los pobres).

Motu proprio
Decreto apostólico aprobado por el papa con efecto jurídico vinculante para la Iglesia.

Período postconstantino
Se refiere al período posterior a la revolución constantiniana, en la que el cristianismo se convirtió en la religión oficial del Estado romano (393). Profesar públicamente a Cristo no solo no le costaba la vida a nadie, sino que a menudo formaba parte de la razón de Estado.

Imposición, impuesta
Una imposición es una medida arbitraria dictada desde arriba.

Presbiterio
Se refiere aquí a la comunidad de sacerdotes de una diócesis que preside el obispo diocesano.

Contrarreforma
Se conoce como Contrarreforma el período en el que la Iglesia católica reaccionó a la Reforma iniciada por Martín Lutero intentando reformarse a sí misma. Esto se hizo a menudo en oposición polémica a la Reforma protestante y exagerando los propios contenidos.

Relectura
Significa reinterpretar un texto. Esto implica no sólo el acto de leer, sino también la voluntad de comprender de nuevo el texto de manera fundamental.

Secularización
Describe el proceso social de alejamiento de la religión. Los valores y normas religiosos, así como su significado, son sustituidos por contenidos no religiosos.

Sinodalidad
Forma utilizada para los procesos de toma de decisiones en la Iglesia. La auténtica sinodalidad no debe confundirse con el parlamentarismo y los procesos democráticos de toma de decisiones en los que la mayoría prevalece sobre la minoría. Sinodalidad significa escuchar juntos al Espíritu Santo respetando el significado normativo de las Sagradas Escrituras y del magisterio de la Iglesia.

Comunidad local
Se refiere a la comunidad de creyentes que pertenecen a una región o zona y que están asignados a un sacerdote.

Concilio de Trento
El Concilio de Trento se celebró entre 1545 y 1563. El motivo principal fue la necesidad de responder a las exigencias y doctrina de la Reforma.

Vademécum
(Lat. ¡Ven conmigo!) Es un libro pequeño y manejable que se puede llevar encima y que resulta útil en una gran variedad de situaciones. En el sentido más amplio, incluye manuales, guías y libros de consulta.

Dinámica centrípeta
Se trata de una fuerza dinámica que atrae hacia el centro. Lo contrario es una fuerza dinámica que expulsa hacia afuera, la cual se denomina centrífuga.

Concilio Vaticano II
El Concilio Vaticano II se celebró del 11 de octubre de 1962 al 8 de diciembre de 1965. El Concilio Vaticano II fue de gran importancia para la autocomprensión y las prácticas de la Iglesia. Se abordaron temas fundamentales, como ¿qué es la Iglesia?, ¿qué es el ecumenismo?, ¿cómo debe comportarse la Iglesia frente al mundo?

Notas

[1] DK, 135.

[2] DK, 135b.

[3] DK, 135e.

[4] Papa Pablo VI, CP 11.

[5] Papa Francisco, EG 14: «Todos tienen el derecho de recibir el Evangelio. Los cristianos tienen el deber de anunciarlo sin excluir a nadie, no como quien impone una nueva obligación, sino como quien comparte una alegría, señala un horizonte bello, ofrece un banquete deseable».

[6] EG, 119-121.

[7] El papa Pablo VI en un discurso que pronunció el 2 de octubre de 1974 ante los miembros del Consejo de Laicos.

[8] EG 165: «No hay que pensar que en la catequesis el kerigma es abandonado en pos de una formación supuestamente más 'sólida'. Nada hay más sólido, más profundo, más seguro, más denso y más sabio que ese anuncio. Toda formación cristiana es ante todo la profundización del kerigma que se va haciendo carne cada vez más y mejor, que nunca deja de iluminar la tarea catequística, y que permite comprender adecuadamente el sentido de cualquier tema que se desarrolle en la catequesis».

[9] La catequesis, como enseñaba Pablo VI, consiste en «desarrollar, con la ayuda de Dios, una fe todavía incipiente, llevando a plenitud y alimentando diariamente la vida cristiana de los creyentes de todas las edades. En efecto, se trata de hacer crecer, a nivel de conciencia y de vida, la semilla de la fe sembrada por el Espíritu Santo en el primer anuncio, antes de que fuera transmitida definitivamente por el bautismo». Pablo VI, *Discurso a los participantes en la Asamblea General de la Conferencia Episcopal Italiana*, 23 de junio de 1966.

[10] Así describía también Juan Pablo II el «fin definitivo de la catequesis»; consiste en «poner a uno no solo en contacto sino en comunión, en intimidad con Jesucristo: sólo Él puede conducirnos al amor del Padre en el Espíritu y hacernos partícipes de la vida de la Santísima Trinidad» (Papa Juan Pablo II, CT 5).

[11] El nuevo «Directorio para la catequesis» del 23 de marzo de 2020, p. 14, subraya también que «el ob-

Abreviaturas

AM Papa Francisco, ANTIQUUM MINISTERIUM

CT Papa Juan Pablo II, CATECHESI TRADENDAE

CV Papa Francisco, CHRISTUS VIVIT

CP Papa Pablo VI, COMMUNIO ET PROGRESSIO

DC Directorio para la catequesis

EN Papa Pablo VI, EVANGELII NUNTIANDI

EG Papa Francisco, EVANGELII GAUDIUM

FD Papa Juan Pablo II, FIDEI DEPOSITUM

jetivo final de la propuesta catequética señalado siempre por el Magisterio, no solo debe ser presentada como un gran valor en sí, sino que debe realizarse con un proceso de acompañamiento».

[12] «La catequesis les inicia en el conocimiento de la fe y en el aprendizaje de la vida cristiana, favoreciendo un camino espiritual que provoca un 'cambio progresivo de actitudes y costumbres', (Ad Gentes 13)», ya se decía en el Directorio General para la Catequesis de 1997, 56c.

[13] CE, 273.

[14] CE, 173.

[15] El «Directorio para la catequesis» menciona explícitamente el catecumenado en el punto 61 como «Fuente de inspiración para la catequesis». El papa Francisco no se cansa de pedir un catecumenado matrimonial: antes de recibir el sacramento del matrimonio es necesaria «una cuidadosa preparación, diría un catecumenado, porque se juega toda la vida en el amor, y con el amor no se bromea. No se puede definir como 'preparación al matrimonio' a tres o cuatro conferencias en la parroquia; no, esta no es la preparación: esta es una falsa preparación. Y la responsabilidad de quien hace esto cae sobre él: sobre el párroco, sobre el obispo que permite estas cosas. La preparación debe ser madura y requiere tiempo. No es un acto formal: es un Sacramento. Pero se debe preparar con un verdadero catecumenado» (Audiencia general del 24 de octubre de 2018).

[16] Benito de Nursia, *Regla*, 3.3.

[17] CE, 120.

[18] En concreto, Karl Rahner y Paul Tillich fueron pioneros en este ámbito.

[19] Hoja de trabajo del sínodo común de las diócesis alemanas «Das katechetische Wirken der Kirche» (1974), p. 41.

[20] El papa Francisco durante un sermón en la isla de Gozo el 2 de abril de 2022.

[21] EG 164; en otra ocasión, el papa Francisco dijo: «¡El primer anuncio equivale a subrayar que Jesucristo muerto y resucitado por el amor del Padre, da su perdón a todos sin distinción de personas, si tan solo abren sus corazones para dejarse convertir!», (18.09.2018, Mensaje del papa a los participantes en el Congreso Internacional «El catequista como testigo del Misterio»).

[22] Raniero Cantalamessa: Kreuz, *Gottes Kraft und Weisheit*, 1999, p. 15 y ss. Ed. en español: *La fuerza de la Cruz*, Monte Carmelo, Burgos 2023.

[23] Maximilian Oettingen, en: Hartl/Wallner/Meuser: Mission Manifest, Friburgo 2018, p. 123.

[24] Papa Pablo VI, EN, 14.

[25] CE, 273.

[26] George Weigel, que traza repetidamente las líneas maestras de la Iglesia, señaló recientemente en una entrevista que el último Concilio «no proporcionó por sí mismo la clave o claves de su interpretación auténtica», ni mediante un nuevo credo ni mediante nuevos dogmas, disposiciones legales o sentencias doctrinales, sino que la auténtica interpretación magisterial del Concilio a través de los pontificados posteriores «aún no ha encontrado su camino en la Iglesia». El «punto cardinal» se halló en el Sínodo Extraordinario de Obispos de 1985, «que enseñó que la 'llave maestra' del Concilio Vaticano II era la idea de la Iglesia como *communio*, como comunidad de discípulos misioneros». G. W., Entrevista: «Keine Neuerfindung der Kirche», en: *Die Tagespost* del 6 de octubre de 2022, p. 17.

[27] «No hay excusas que puedan distraer la atención de la responsabilidad que une a cada creyente con toda la Iglesia. El estrecho vínculo entre la evangelización y la catequesis es la peculiaridad de este Directorio. Este pretende proponer un camino en el que estén íntimamente unidos el anuncio del kerigma y su maduración. [...] Las tres partes de este Directorio para la catequesis desarrollan, por lo tanto, el camino catequético bajo la primacía de la evangelización» (Presentación al «Directorio para la catequesis», pp. 12 y 13).

[28] Ib., p. 24.

[29] Así lo exige también EG 169-173.

[30] DK, P. 55.

[31] Papa Francisco en el *motu proprio Antiquum Ministerium*.

[32] AM, 3.

[33] AM, 5.

[34] Todas las citas: AM, 5.

[35] Los jóvenes no son simples recipientes vacíos; son protagonistas e interlocutores que participan activamente en cualquier conversación o diálogo. «Los jóvenes quieren ser protagonistas del cambio», papa Francisco en: CV, 174.

[36] CE, 27.

[37] AM, 8: «Este ministerio posee un fuerte valor vocacional que requiere el debido discernimiento por parte del Obispo y que se evidencia con el Rito de Institución. En efecto, éste es un servicio estable que se presta a la Iglesia local según las necesidades pastorales identificadas por el Ordinario del lugar, pero realizado de manera laical como lo exige la naturaleza misma del ministerio».

[38] AM, 6.

[39] DK, 53.

[40] Martin Buber: *Werke I. Schriften zur Philosophie*, p. 85.

[41] Martin Buber: Autobiographische Fragmente, en: *Werke Bd*. I, Múnich 1962, p. 6.

[42] Martin Buber: ib., p. 6.

[43] Papa Francisco: Sermón de clausura del Sínodo de los Jóvenes, 28 de octubre de 2018.

[44] Martin Buber: *Werke I. Schriften zur Philosophie*, p. 97.

[45] Casi ningún otro filósofo después de Martin Buber ha desarrollado esto mejor que Byung Chul Han: «Un yo estable solo surge en la confrontación con lo otro, mientras que la autorreferencia excesiva y narcisista produce una sensación de vacío» (*Die Austreibung des Anderen*, p. 33. Ed. en español: *La expulsión de lo distinto*, Herder, Madrid 2017). «Escuchar invita a hablar a lo que es distinto, abre el espacio para su alteridad. La escucha es un espacio resonante para la libre expresión de lo distinto» (ib., p. 91). «Sin la presencia de lo distinto, la comunicación se convierte en un intercambio acelerado de información, no crea relaciones, solo conexiones. (...) Sin cercanía, sin escucha, no se forma comunidad. La comunidad es comunidad de escucha» (ib., p. 96).

[46] Cardenal Kurt Koch, «Essay. Eine Synode ist kein Parlament», *Vatican Magazine* 2/2021, p. 33.

[47] Ib., p. 33.

[48] Ib., p. 33.

[49] El pedagogo y filósofo brasileño Paulo Freire (1921-1997) desarrolló un método que denominó pedagogía basada en el diálogo. Su concepto contempla un encuentro entre sujetos en busca de conocimiento. La base de la enseñanza en diálogo son las preguntas que formulan los alumnos. El método consiste en cinco pasos: 1. conozca a sus alumnos; 2. no imponga sus conocimientos; 3. exija argumentos; 4. actúe democráticamente; y 5. vaya más allá de la disciplina de la asignatura. Paulo Freire dice: «Nadie educa a nadie, nadie se educa a sí mismo, las personas se educan entre sí, mediadas por el mundo».

[50] En Internet (DE): www.alphakurs.de. La concepción del curso Alfa surgió en una comunidad anglicana (*Holy Trinity Brompton Church*) de Londres. El curso se diseñó deliberadamente para personas ajenas a la Iglesia y a la fe, pero que querían aprender los fundamentos de la fe cristiana en un ambiente agradable y acogedor. El carismático Nicky Gumbel, que en 1990 asumió la dirección de esta iniciativa fundada en 1977, se encargó posteriormente de que esta idea, una vez se hizo interconfesional, se extendiera por todo el mundo. En la actualidad hay unos 30.000 cursos Alfa en 152 países. Se calcula que unos siete millones de personas ya han participado en algún curso Alfa.

[51] Véase Hartl/Wallner/Meuser, *Mission Manifest*, Friburgo 2018, p. 187.

[52] Ib., p. 187: «Si algo ha resultado fructífero en los movimientos para hacer resurgir lo evangélico, es el renacimiento de las pequeñas células, de los grupos domésticos y, con él, el de la reprivatización del cristianismo y, en cierto sentido, también su desprofesionalización. Esto no significa la retirada del cristianismo de la esfera pública, sino la reintroducción de lo cristiano en la esfera privada, la cual le había sido expropiada, en grupos de oración, grupos de amigos, grupos de trabajo, grupos de conversación y de lectura de la Biblia, redes, grupos de estudio..., en otras palabras, en formas de comunidad que se reúnen en privado y a una escala reducida, con un claro objetivo que apunta a algo muy concreto: a Jesús, el Resucitado, que vive en medio de sus discípulos. La parroquia es, ante todo, el lugar donde un cristiano encuentra a otro, donde se forma el núcleo de un círculo de discípulos que sienten en sí mismos un deseo suficientemente ardiente para abrirse al otro desde la amistad con Jesús y para ponerse en camino hacia el otro».

[53] Cf. ib., p. 183 y ss.

[54] John Henry Newman, *Entwurf einer Zustimmungslehre*, Maguncia 1961, p. 52. Ed. en español: *Ensayo para contribuir a una gramática del asentimiento*, Encuentro, Madrid 2010.

[55] Ib., p. 65.

[56] Catecismo de la Iglesia Católica. Compendio, Madrid 2005.

[57] Ib., p. 10.

[58] Karl Cardinal Lehmann, en la presentación de YOUCAT a la prensa germanófona el 28 de marzo de 2011.

[59] Papa Benedicto XVI, Prólogo al Catecismo joven YOUCAT, Madrid 2012.

[60] Ib., p. 9.

[61] https://youcat.org/es/productos/youcat/

[62] El papa Francisco dice en CV, 219: «Los jóvenes son capaces de guiar a otros jóvenes y de vivir un verdadero apostolado entre sus amigos».

[63] El DOCAT tiene su propia app, que actualmente familiariza a los jóvenes en nueve idiomas y de una forma creativa con la doctrina social de la Iglesia. En la introducción se afirma: «Con esta aplicación puedes leer el DOCAT, familiarizarte con la doctrina social a través de guías de estudio y obtener propuestas concretas para cambiar tu entorno». Sería deseable que otros idiomas fueran integrados en la aplicación, pero de momento faltan los recursos para ello.

[64] El papa Francisco reafirma la idea de la escucha en su mensaje para la Jornada Mundial de la Comunicaciones Sociales 2022: ¨Escuchar nunca es fácil. A veces es más cómodo hacerse el sordo. Escuchar significa prestar atención, tener deseo de comprender, de valorar, respetar, reflexionar sobre lo que dicen los otros. En la escucha se genera una especie de martirio, un sacrificio de sí mismo en el que se renueva el gesto realizado por Moisés ante la zarza ardiente: quitarse las sandalias en el 'terreno sagrado' del encuentro con el otro que me habla (cf. Ex 3,5). Saber escuchar es una virtud inmensa, es un don que se ha de pedir para poder después ejercitarse practicándolo».

[65] Cf. Hartl/Wallner/Meuser, *Mission Manifest*, Friburgo 2018, p. 189.

[66] El ejemplo más reciente es una iniciativa estadounidense lanzada en enero de 2023 por el sacerdote estadounidense Mike Schmitz: «El catecismo en un año». Su predecesor fue «La Biblia en un año». En colaboración con Ascension Press y el teólogo Jeff Cavins, en enero de 2021 se lanzó un podcast en el que se lee en voz alta toda la Biblia y se comenta en 365 partes a lo largo de un año. El podcast llegó al número 1 de Apple Podcasts (todos los temas) en pocos días.

[67] Frankfurter Allgemeine Zeitung del 5 de febrero de 2022 sobre la declaración del cardenal Marx («El Catecismo no es el Corán»).

[68] Juan Pablo II, FD, IV.

[69] «El Concilio —dice el papa Francisco— es magisterio de la Iglesia. O estás con la Iglesia y por tanto sigues el Concilio, y si no sigues el Concilio o lo interpretas a tu manera, como quieres, no estás con la Iglesia. A este respecto tenemos que ser exigentes, severos. [...] Por favor, ninguna concesión a los que intentan presentar una catequesis que no sea concorde con el Magisterio de la Iglesia». Discurso del 30.01.2021 ante Representantes de la 'Oficina Nacional de Catequesis' de la Conferencia Episcopal Italiana.

[70] Un intento de poner en contacto a la juventud a diario con las Sagradas Escrituras es YOUCAT Diario, una aplicación que ofrece el Evangelio del día y un pasaje adecuado de YOUCAT o DOCAT todos los días en seis idiomas, combinándolo con una cita de santos o un testimonio de jóvenes de todo el mundo. Hay una función de lectura en voz alta, puedes compartir peticiones de oración y mucho más. Lo que lo hace especial es que casi ningún otro medio católico digital llega con tanta eficacia al grupo de edad comprendido entre los 25 y los 35 años. 115.000 usuarios registrados se conectan diariamente con su fe solo a través de YOUCAT.

[71] Gerhard Lohfink en particular ha contribuido a este redescubrimiento exegético y eclesiológico en varias de sus obras, por ejemplo en: Gerhard Lohfink, *Braucht Gott die Kirche? Zur Theologie des Volkes Gottes* (Friburgo 1998). Pero también en: Gerhard Lohfink, *Jesus von Nazaret. Was er wollte, was er war* (Friburgo 2012), pp. 129-134, donde dice: «Por qué es tan importante para Jesús el círculo de discípulos? ... Los discípulos, como dice Marcos 3,14 respecto a los doce apóstoles, debían estar siempre 'con él'. La llegada del reino de Dios no era una teoría, ni un dogma abstracto, ni una mera doctrina, sino el comienzo de una historia dramática. El Reino de Dios exige una comunidad de destino, un modo de vida por el que este Reino puede llegar y hacerse visible. El grupo de hombres y mujeres que siguen a Jesús, su comunidad solidaria, su unión, deben mostrar que una 'nueva sociedad' ha comenzado ahora en medio de Israel. Es sobre todo de este modo como los discípulos de Jesús son 'testigos' del Reino de Dios que ahora se está realizando».

[72] Dietrich Bonhoeffer, *Nachfolge*, Múnich 1983, S. 52.

[73] En AM, 5 el papa Francisco habla de la «la exigencia de metodologías e instrumentos creativos que hagan coherente el anuncio del Evangelio con la transformación misionera que la Iglesia ha emprendido».

[74] AM 6.

[75] La institución Haus St. Ulrich, situada en la diócesis de Augsburgo, goza de gran reputación como centro de la nueva evangelización en Alemania y se considera a sí misma como un «lugar donde la renovación de la fe y la revitalización de la vida espiritual se hacen posibles mediante retiros, jornadas de fe, cursos para familias y seminarios». Véase: https://www. haus-st-ulrich.org.

[76] El papa Francisco en un discurso a los obispos brasileños el 27 de julio de 2013.

[77] AM 5.

[78] Ib.

Índice de imágenes

Gracias

De izquierda a derecha: Prof. Thomas Möllenbeck (Alemania), Sor Constance Nsofwa FMA (Zambia), Michaela Heereman (Alemania), Maria Francis (India), Bernhard Meuser (Alemania), Padre Vijaykumar Monthu Machado (India), Johann Rhee (Alemania), Obispo Dr. Franz-Peter Tebartz-van Elst, Padre Glenn Magpusao (Filipinas), Dr. Theresia Theuke (Alemania), Darlei Zanon (Brasil), Padre Thomas Varghese (India), Danilo Oliveira Luiz (Brasil), Padre Benny Suwi-to (Indonesia), Luis Enrique Delgado González (México)